AF287354

Rabbiner Efraim Yehoud-Desel

Marc Chagalls Kunst aus rabbinischer Sicht

*Mein Volk, ... ich werde deine Wahrheit mit
den Mitteln meiner Farben vor allen Völkern
der Welt herausmeißeln.*

Marc Chagall

Marc Chagalls Kunst aus rabbinischer Sicht

Zwei Bildbetrachtungen

© Rabbiner Efraim Yehoud-Desel, Münster/Westf.,
Marc Chagalls Kunst aus rabbinischer Sicht.
©Teil I: Marc Chagall, Weiße Kreuzigung (1938),
Öl auf Leinwand   155 x 140 cm,   Art Institute
Chicago.
©Teil II: Marc Chagall, König David (1951), Öl auf
Leinwand, Centre Pompidou, Paris.
Abbildung der beiden besprochenen Bilder mit
freundlicher Genehmigung von (c) VG Bild-Kunst,
Bonn 2012.
Herstellung und Verlag: BoD – Books on Demand,
Norderstedt.

ISBN 9783848228324

Bibliografische   Information   der   Deutschen
Bibliothek:
Die   Deutsche   Bibliothek   verzeichnet   diese
Publikation in der Deutschen Nationalbibliografie;
detaillierte bibliografische Daten sind im Internet
über www.dnb.de abrufbar.

Dank

Ein großer Dank gilt meiner Frau. Sie hat mir mit ihrer Weisheit und ihrer spirituellen Art sehr geholfen. Ihren Rat habe ich immer befolgt, genau wie Abraham dem Befehl Gottes Folge leistete: „In allem, was Sarah dir sagt, hör' auf ihre Stimme."[1] Einen ihrer Ratschläge allerdings habe ich in den Wind geschlagen. Sie riet mir davon ab, dieses Buch zu schreiben, weil sie wusste, dass die damit verbundenen Korrekturarbeiten auf ihrem Tisch landen würden. Diese Mühe haben Gisela Severin für den ersten Teil und Gertrud Althoff für den zweiten Teil auf sich genommen. Für ihre Großherzigkeit, Weisheit und ihr Können bedanke ich mich.

Rabbiner Efraim Yehoud-Desel
Münster im November 2012

---

[1] 1. Mose 21, 12 ; alle Übersetzungen nach: Leopold Zunz, Die vierundzwanzig Bücher der Heiligen Schrift. Tel -Aviv 1997.

Inhalt

Einleitung

Der Name Chagall hat nach jüdischem Verständnis eine besondere Bedeutung. Chagall leitet sich von Segal ab. SeGaL ist verwandt mit dem Wort SeGoL, was Violett bedeutet, und mit dem Wort SeGuLa[2], worunter ein Schatz oder etwas Besonderes zu verstehen ist. Die Farbe Violett ist in der *Kabbala* die Farbe der Weisheit und steht auf der zweitobersten von zehn *Sefirot*[3]. Im Namen Chagall ist also sowohl Besonderheit als auch Weisheit enthalten. Beides hat sich im Werk Chagalls manifestiert.

Ich habe lange überlegt, ob ich die Bilder gemäß der jüdischen Lehre analysieren kann. Je länger ich aber das einzelne Bild betrachtete, desto sicherer war ich, dass die *Weiße Kreuzigung* und *König David* detailreich vom jüdischen Glauben künden.

Auch bin ich davon überzeugt, dass Marc Chagall eine Art Farbcode in einigen seiner

---

[2] 5. Mose 7, 6
[3] *Sefirot*: Die zehn Stufen des Lebensbaums, mit denen Gott die Welt erschaffen hat.

Bilder verwandt hat, der sich mit Hilfe der Farbenlehre der *Kabbala* entschlüsseln lässt.

Um Chagalls Farbensymbolik zu verstehen, muss man die Farben der *Sefirot* und ihre Bedeutung kennen und mit diesem Wissen seine Bilder betrachten und ihre Botschaft entschlüsseln.

Marc Chagall, der aus einer religiösen chassidischen Familie stammt, kannte sicherlich die Farbensymbolik der *Kabbala*. Für die chassidischen Juden steht die *Kabbala* im Zentrum ihres Lebens.

Chagall hat mehrere Bilder vom Hohelied gemalt, bei denen rote, orange und gelbe Farbtöne dominieren, und plötzlich taucht da ein kleiner grüner Fleck auf dem Gesicht des geliebten Mannes auf. Was hat dieser kleine grüne Fleck dort zu suchen? Die Farbe Grün steht auf der drittobersten von zehn *Sefirot* und bedeutet Erkenntnis. Vielleicht wollte uns Chagall einen Hinweis geben auf die Art und Weise, wie die *Thora* die höchste Liebe zwischen Mann und Frau beschreibt: „Und Adam erkannte Chawa." [4] Dieses Erkennen des Partners während des

---

[4] 1. Mose 4, 1

Liebesakts meint eben auch eine Art von Seelenverschmelzung.

Bei dem ungleichen Kampf zwischen dem riesigen Engel und dem kleinen Jakob geben wir Jakob keine Chance. Aber die Farben, die Chagall verwendet hat, lassen das Gegenteil vermuten. Der Engel in Grün hat keine Macht gegen Violett, die Farbe Jakobs. Und weiter noch: der Engel erkennt jetzt, dass Jakob ein Recht auf seinen Segen hat, und bestätigt das durch einen weiteren Segen. Ab jetzt darf Jakob[5] den Namen Israel[6] tragen.

---

[5] Der Name Jakob bedeutet *Ferse* und ist ein Körperteil, der sich in unmittelbarer Nähe zum Erdboden befindet.

[6] Israel bedeutet *Gottes Recht* (ISR-EL) und *Gottes Lied* (SIR-EL) und beschreibt die höchste Stelle im Himmel.

Teil I   **Die Weiße Kreuzigung**

Marc Chagall, Die weiße Kreuzigung (1938),
Öl auf Leinwand 155 x 140 cm, Art Institute Chicago

Marc Chagall malte 1938 *Die weiße Kreuzigung*, als hätte er eine Vision über die kommende Pogromnacht gehabt. Am 9. November 1938 wurden ca. 1200 Synagogen in Brand gesteckt.

Warum gibt es überhaupt Synagogen? Diese Frage beantwortet eine Erzählung des Midrasch: Als der Tempel in Jerusalem zerstört wurde, wurden seine Steine überall in der Welt von Gott selbst verteilt.[7] Und überall, wo sie gelandet waren, wurde eine Synagoge gebaut. Mehrere Städte in der Welt hatten dieser Erzählung zufolge das Glück, ein Stück vom Heiligtum aus Jerusalem zu beheimaten.

Der Bildtitel *Die weiße Kreuzigung* geht – wie bei den meisten Werken Chagalls – nicht auf den Künstler selbst zurück. Er leitet sich von der im Zentrum des Bildes dargestellten weißen Kreuzigung her. Ich selbst nenne das Bild: *„Der Tallit"*. Dieser dient Jesus hier anstelle eines Lendentuchs als Kleidungsstück und besitzt für religiöse Juden üblicherweise eine symbolische Schutzfunktion.

Für Christen verkörpert Jesus Nächstenliebe, für Chagall den leidenden

---

[7] Nach Klagelieder, Kapitel 4, 1: „Wie sind verschüttet die heiligen Steine in allen Straßenecken."

Juden schlechthin. Mit seinen Christus-
bildern stieß Chagall viele Juden vor den
Kopf. So verwundert es nicht, dass der
Künstler in seinem langen Leben nur
fünfmal nach Israel reiste, nicht weil er das
Land nicht mochte – im Gegenteil -,
sondern weil sich die Israelis ihm
gegenüber sehr reserviert verhielten. In
einem Brief vom 13. September 1974 an
seinen Freund Lenemann bezog Chagall in
Bezug auf seinen Glauben und sein
Christusverständnis eindeutig Stellung:

„Lieber Freund Lenemann,
mein Gott ist der jüdische Gott,
der Gott unserer Eltern!
Mein heiliges Buch ist die Bibel …
Der ‚Christus' ist in meiner Fantasie allein
unser mit seiner jüdischen Mutter, ...,
umringt von unseren jüdischen Propheten."[8]

Bei der Betrachtung der verschiedenen
Szenen wurde mir klar, dass Chagall nicht
nur ein Kenner der jüdischen Bibel war,

---

[8] Zitiert nach: Nikolaus Wandinger, Petra Steinmair-
Pösel (Hrsg.). Im Drama des Lebens Gott begegnen.
Wien 2011, S. 16.

sondern auch fundierte Kenntnisse der spirituellen Lehre des Judentums, der *Kabbala*, besaß. Sie wurde, wie die *Thora* – die schriftliche Lehre – und der *Talmud* – die mündliche Lehre –, am Berg Sinai Mose übergeben.

Ich bin Jude

Wie viele Jahre

Und nackt, ohne Kopf, Ich
Werde dich suchen
Wo bist Du? [9]

Im Bild unten links sehen wir einen
ängstlichen alten jüdischen Mann mit

---

[9] Gedicht von Marc Chagall, in: Marc Chagall. Das
graphische Werk. Stuttgart 1988, S. 126.

wcißem Bart. Seine Mimik und Gestik scheinen die Frage nach dem „Warum" auszudrücken. Ursprünglich stand auf dem Schild auf seiner Brust die Aufschrift: „Ich bin Jude," bevor Chagall beschloss, die Worte zu übermalen. Diejenigen, die den Mann gezwungen haben, dieses Schild zu tragen, sind uns allen bekannt. Was wollten sie durch diesen Akt erreichen? Wollten sie den Mann beschämen oder erniedrigen? Oder wollten sie ihn „nur" auslachen und sich amüsieren? Wenn sie die Bedeutung des Wortes „Jude" gekannt hätten, hätten sie vielleicht auf diesen Akt verzichtet. Denn wie jeder Name in der Bibel hat auch dieser Name eine Bedeutung. Das Wort Jude leitet sich von *Jehuda* her. Es ist der Name, den die Stammmutter Lea, die Frau Jakobs, ihrem vierten Kind gegeben hat. „Danke" sagte sie[10]. „Danke Gott, dass du mir ein Kind geschenkt hast." Das Wort Jehuda setzt sich aus zwei Wörtern zusammen: *Ja* (Je) bedeutet *Gott* und *Huda* bedeutet *Danke*. „Jude" bedeutet also „Danke Gott". Lea war die erste Frau in der Bibel, die ihre Dankbarkeit gegenüber Gott

---

[10] 1. Mose 29, 35

geäußert hat. Das ganze jüdische Volk hat von Lea die Bedeutung des Wortes übernommen, verinnerlicht und in seinen täglichen Handlungen zum Ausdruck gebracht.

Der Tagesablauf eines religiösen Juden vom Aufwachen bis zum Schlafengehen wird erfüllt von Dankbarkeit und Freude am Leben. Kaum, dass der gläubige Jude seine Augen am Morgen nach dem Aufwachen geöffnet hat, bekundet er, noch im Bett liegend, seine Dankbarkeit, der er im Laufe des Tages noch häufiger Ausdruck verleiht. „Ich danke dir, König, Lebender und immer Bestehender, dass du mir in Barmherzigkeit meine Seele wiedergegeben hast. Groß ist deine Treue."[11]

Kaum stellt er seine Füße auf den Boden, um aufzustehen, bedankt er sich auch schon, dass er aufrecht stehen kann und nicht gebeugt bleiben muss. Er geht zur Toilette und bedankt sich mit großer Freude

---

[11] Siddur Schma Kolenu, Raw Joseph Scheuer (Übersetzung), Basel 2001

bei Gott als seinem Schöpfer und seinem Arzt, dass er gesund ist. Er weiß, dass nichts, aber auch wirklich nichts in seinem Leben selbstverständlich ist. Wenn er sich gewaschen hat und sich anziehen will, bedankt er sich bei seinem Schöpfer, dass er nicht nackt bleiben muss. Die Danksagungen werden gesungen oder leise gesprochen oder im Herzen. Hunderte von Danksagungen begleiten den gläubigen Menschen bis zum Schlafengehen. Auch abends im Bett, kurz bevor er seine Augen schließt, bedankt er sich bei Gott als seinem Schützer.

Der religiöse Jude braucht dieses Schild nicht, das der Mann auf Chagalls Bild trägt, denn er hat sein eigenes Schild, das er täglich unter seinem Hemd anzieht. Man kann es mit einer kugelsicheren Weste vergleichen. Der *tallit katan,* der kleine Gebetsmantel, den er wie einen Schutzschild trägt, soll ihn vor den Versuchungen und täglichen bösen Gedanken schützen. „... dass sie sich [die Israeliten] Schaufäden machen an die Zipfel ihrer Kleider bei ihren Geschlechtern, und sollen an die Schaufäden des Zipfels eine purpurblaue Schnur ansetzen. Und das sei euch zu Schaufäden, dass wenn ihr sie ansehet, ihr euch erinnert aller Gebote des Ewigen und ihr sie tuet ..."[12]

Der religiöse Jude hat 613 Gebote zu erfüllen und das Tragen der *Zizit* lässt ihn das während des Tages nicht vergessen. Die Zusammenfassung aller Gebote lässt sich in einem Satz ausdrücken: „*Du sollst deinen Nächsten lieben wie dich selbst.*" [13] Die *Thora*[14] (die Lehre) setzt sich aus 365 Verboten und 248 Geboten zusammen. Während ein Jude 613 Gebote erfüllen soll[15], um den *Gan Eden* (Garten Eden) zu erreichen, braucht der Nichtjude nur sieben, nämlich die so genannten *noachidischen* Gebote zu erfüllen, um zum selben Ziel zu gelangen. Diese sieben Anordnungen, auf die Noah und seine Nachkommen verpflichtet wurden, sind:

---

[12] 4. Mose 15, 38-39
[13] 3. Mose 19, 18
[14] Die *Thora* besteht aus den fünf Büchern Moses.
[15] Aufgrund der Zerstörung des Tempels können mehrere Gebote nicht erfüllt werden.

1.   das Gebot der Rechtspflege
2.   das Verbot der Gotteslästerung
3.   das Verbot des Götzendienstes
4.   das Verbot des Mordens
5.   das Verbot der Unzucht
6.   das Verbot des Raubes
7.   das Verbot des Fleischgenusses von lebenden Tieren[16]

---

[16] Massechet Sanhedrin 56b;
Alle Übersetzungen aus dem Talmud zitiert nach:
Der Babylonische Talmud, Lazarus Goldschmidt
(Übersetzer). Frankfurt 2002.

Der Duft der *Thora*

Wie viele Jahre

Dein Duft in meiner Hand
Ist eingeschlafen
Von einem Baum zum andern
Flog ich mit dir
Dich zu suchen

Wo bist du? [17]

Bei dieser Szene sehen wir einen Juden, der eine *Thora*rolle in den Armen hält und angsterfüllt zurück schaut. Es sieht so aus, als ob er gerade aus der brennenden Synagoge geflohen ist und noch einen letzten Blick auf das Gotteshaus wirft. Der Blick scheint Unglauben darüber auszudrücken, dass Menschen ein derart abgründiges Verhalten an den Tag legen können. Normalerweise würde man in einer solch lebensgefährlichen Situation kopflos fliehen, ohne sich mit zusätzlichen Gegenständen zu belasten. Dieser Jude ist allerdings bereit, sein Leben zu riskieren, nur um die *Thora*rolle aus der brennenden Synagoge zu retten. Er hält sie so fest, als ob sie und er miteinander verschmolzen wären.

Nach dem Midrasch geschah diese „Verschmelzung" zum ersten Mal am Berg Sinai. Genau neunundvierzig Tage nach

---

[17] Gedicht von Marc Chagall, in: Marc Chagall. Das graphische Werk. Stuttgart 1988, S. 126.

dem Ende der Sklaverei in Ägypten stand das ganze Volk am Berg Sinai ganz still und ruhig. Kurz davor hatten alle - Kinder, Frauen und Männer, Alte und Junge - nur zwei Worte gesagt, zwei Worte, welche die Verbindung zwischen Gott und seinem Volk für immer befestigt haben. „*Nasse WeNischma*." [18] „Wir wollen tun und gehorchen." Ohne dass sie wussten, was Gott von ihnen verlangen würde, waren sie bereit, alles zu tun. Als das Volk dastand „wie ein Mensch mit *einem* Herzen", sagte Gott zu den Engeln, dass die Zeit gekommen war. Da wurden die *Thora* und das Volk miteinander verschmolzen. Das war die Zeit, als der Bund zwischen Gott und seinem Volk für immer gefestigt wurde. Dieser Bund wird erst dann aufhören, wenn die Gesetze der Natur, Sonne, Mond, Sterne, Himmel und Erde auch aufhören. Zu diesem Bund[19] hat Rabbi Jehuda Halevi das Gedicht „In Ewigkeit" geschrieben:

---

[18] 2. Mose 24, 7
[19] Jeremia 31, 35ff.

Sonn und Mond im Wechsel der Geschlechter,
Tag und Nacht als ewige Wächter,
So steht Jakobs Sonne;
Gottes Linke mag sie lassen,
Gottes Rechte wird sie fassen:
Ewiges Volk, das ist und bleibt ihr Name.
Ach, was fürchten sie und zagen
In den schlimm und schlimmeren Tagen,
Dass ihr Herz am Zweifel bricht! -
Glaubt an euer ewiges Bestehen!
All solang nicht Tag und Nacht vergehen
All solang vergeht ihr selber nicht. [20]

Es gibt aber heute nicht wenige Juden, die sich von diesem Bund zu befreien wünschen und sich ihm nicht länger verpflichtet fühlen. Die folgende Erzählung beschreibt diesen Wunsch:

Gott war böse mit den Kindern Israel, die seine Gebote nicht befolgt hatten. Er sagte

---

[20] Zitiert nach: Barbara E. Galli, Franz Rosenzweig and Jehuda Halevi: Translating, Translations, and Translators, Montreal,1995, S. 103.

zu ihnen: „Als ich euch die *Thora* gegeben habe, habt ihr gesagt: „Wir wollen tun und gehorchen." Da ihr aber noch nichts getan habt, bitte ich euch, mir zurückzugeben, was ich euch gab." Die Juden fragten: „Und du wirst uns nicht bestrafen?" Gott antwortete: „Wenn ihr alles zurückgebt, dann ist unsere Rechnung ausgeglichen." Da versammelten sich alle Juden: Reformierte, Konservative, Orthodoxe und entschieden, hier sei eine Gelegenheit, die Religion, an die sie all die Jahre gebunden waren, loszuwerden. Sie starteten eine riesige Kampagne mit dem Ziel, alle jüdischen Bücher aus den Regalen zu holen: die *Thora*, den *Midrasch*, die *Halacha,* den Babylonischen und den Jerusalemer *Talmud*, Broschüren und andere Bücher. Alle Israeliten versammelten sich zum verabredeten Zeitpunkt am Berg Sinai und legten dort mehrere Millionen Bücher ab. Sie riefen Gott, damit er käme und alles überprüfe. „Was ist das?", fragte Gott, als er die Bücher sah. „Wir haben alles zurück gebracht", antwortete das Volk. „Aber ..."

sagte Gott, „ich habe euch nur fünf Bücher gegeben!"[21]

Nach einer Erzählung des Midrasch sagte Gott zu den Kindern Israels: „Wenn ihr vor dem Dilemma steht, mich zu vergessen oder die *Thora* zu vergessen, dann vergesst mich, aber nicht die *Thora* und ihre Gebote."[22]

---

[21]Freie Übersetzung aus dem Hebräischen
[22]https://play.google.com/store/apps/details?id=org. Orayta. Midrasch raba echa, ptichata b, nach Jeremia 16, 11. Freie Übersetzung aus dem Hebräischen

Der siebenarmige Leuchter

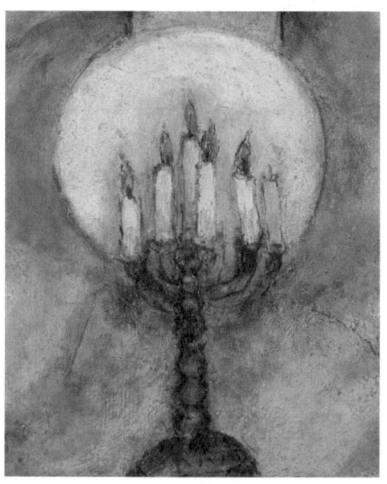

Das stabilste und stärkste Motiv dieses Bildes ist die *Menora*, der siebenarmige Leuchter, der unten in der Mitte des Bildes zu sehen ist. Sie steht da, ruhig wie ein Wegweiser mit einem Lichtkreis, der Heiligkeit symbolisiert. Alle Szenen drum herum verbildlichen Chaos, Leid und Flucht.

Was wissen wir über die *Menora*? Was will sie uns vermitteln? Um das Geheimnis der

Menora zu entziffern, stehen uns vier Wege zur Verfügung, die uns dazu dienen, die *Thora* zu verstehen:

1. Der einfache Weg
2. Die Hinweise
3. Die Auslegung
4. Das Geheimnis[23]

Wir beschäftigen uns hier nur mit den Hinweisen und der Auslegung. Über die Hinweise folgen wir der Beschreibung in der *Thora*: „Du sollst einen Leuchter von feinem, getriebenem Gold machen. Daran soll der Schaft mit Röhren, Schalen, Knäufen und Blumen sein." [24]

Wenn wir betrachten, wie die *Menora* gebaut wurde, bekommen wir den interessanten Hinweis, dass das Licht der *Menora* in der ganzen *Thora* leuchtet. Die *Menora* hat sieben Arme (die Wortzahl im ersten Vers in 1. Buch Moses), 11 Knäufe (die Wortzahl im ersten Vers in 2. Buch

---

[23] Vgl.: http://de.wikipedia.org/wiki/PaRDeS und Daniel Krochmalnik: Im Garten der Schrift. Wie Juden die Bibel lesen, Augsburg 2006
[24] 2. Mose 25, 31-39 und 4. Mose 8, 2-3.

Moses), 9 Blumen (die Wortzahl im ersten Vers in 3. Buch Moses) und 22 Schalen (die Wortzahl im ersten Vers in 5. Buch Moses) und ihre Höhe war 17 *Tfachim* [25] (die Wortzahl im ersten Vers in 4. Buch Moses). Weiter sehen wir, dass die *Menora* aus 49 Teilen besteht. Das entspricht genau der Anzahl der Tage, welche die Israeliten vom Auszug aus Ägypten bis zum Berg Sinai gebraucht haben, wo sie die *Thora* empfangen haben. Dieses Gehen war eigentlich ein Hinbewegen zur *Menora*, die für alle leuchten soll.

Die Auslegung der *Menora* führt uns zum Sinn des Lebens und zur Aufgabe des Menschen in dieser Welt. Die sieben Schöpfungstage werden durch die sieben Arme des Leuchters symbolisiert. Dadurch entdecken wir eine bestimmte Formel, Partnerschaft und Harmonie zwischen den Schöpfungstagen. Diese Formel besteht aus drei Teilen: einem Befehl, seiner Erfüllung und dem Ende der Epoche. Am ersten Tag lautete Gottes Befehl: „Es werde Licht."

---

[25] *Tefach* ist ein biblisches Maß. 1 Tefach entspricht ca. 9,6 cm, d.h. die Menora war ca. 163 cm hoch.

Dieser Befehl wurde erfüllt: „Es ward Licht." Und damit war die Epoche abgeschlossen. „Es war Abend, und es war Morgen: Ein Tag."

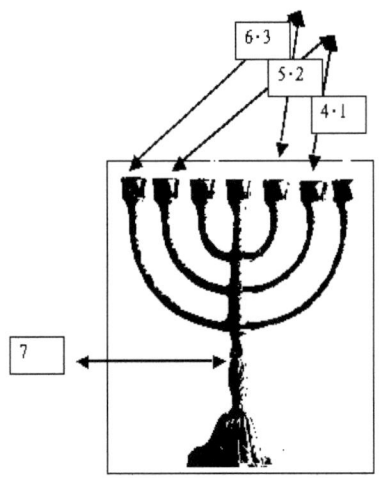

Mit dem ersten Tag korrespondiert der vierte. Am vierten Tag geht es ebenfalls um Licht und zwar um einen Befehl für Sonne, Mond und Sterne. Auch diese Formel wurde vollständig ausgeführt. Der Befehl am zweiten Tag lautete „Wasser" und bei seinem Partner, dem fünften Tag, geht es

um „alles im Wasser"[26] Der Befehl am
dritten Tag war „Erde" und bei seinem
Partner, dem sechsten Tag, ist von „allem
auf der Erde" die Rede. Auch Adam ist am
Freitag, dem sechsten Tag, erschaffen
worden. Bis jetzt galt diese Formel für
jeden Tag der Woche. Nur für den Schabbat
gibt es keinen klaren und deutlichen Befehl,
und die Epoche ist nicht abgeschlossen,
denn steht da etwa: „Es war Abend, und es
war Morgen: der siebte Tag?" Unsere
Weisen sagen, dass wir uns heute in dieser
Epoche befinden. Wenn wir in dieser
Epoche leben, welche Gebote Gottes
müssen wir dann befolgen? In 1. Mose 2,
2-3 steht geschrieben:
„…und (Gott) ruhte am siebenten Tage von
all seinem Werke, das er gemacht. Und
Gott segnete den siebenten Tag und heiligte
ihn." Das Wort „heilig" war noch nicht
bekannt. In der *Thora* steht: „Heilig sollt ihr
sein, denn heilig bin ich."[27]
Das ist das Gebot, das uns gilt, sagen
unsere Weisen, und das muss von der

---

[26] *Himmel* auf Hebräisch, *Scham-maim* bedeutet:
„dort Wasser"
[27] 3. Mose 19, 2

ganzen Menschheit erfüllt werden. Unter
„heilig" versteht Rabbi Elasar[28] ein gutes
Herz haben. Im Judentum gibt es keine
heilig gesprochenen Menschen, denn alle
müssen heilig sein bzw. anstreben, dieses
gute Herz in ihrem Leben zu gewinnen,
denn das ist nach unserem Verständnis ein
göttliches Gebot. Erst nach seiner Erfüllung
kann die Epoche, in der wir leben,
abgeschlossen werden. Um dieses Ziel zu
erreichen, nämlich ein gutes Herz zu haben,
hat uns Gott nach unserer Auslegung auch
sechs göttliche Tage gegeben. Ein
göttlicher Tag entspricht bei uns Menschen
tausend Jahren wie geschrieben steht:
„Denn tausend Jahre sind in deinen Augen
wie der gestrige Tag, wenn er
entschwunden, und eine Wache in der
Nacht."[29] Die *Thora* mit ihren 613 Geboten
soll uns den besten Weg zeigen, um ein
gutes Herz zu erwerben. Ein gutes Herz
bedeutet, *nur gut* über deinen Nächsten zu
sprechen und *nur Gutes* an ihm zu sehen.
Es steht geschrieben: „Wer darf weilen in
deinem Zelte, wer darf wohnen auf deinem

---

[28] Sprüche der Väter 2, 14
[29] Psalm 90, 4

heiligen Berge? Der untadelig wandelt und Recht übt und Wahrheit redet in seinem Herzen"[30] und weiter: „Wer geht hinauf auf den Berg des Ewigen, und wer steht auf seiner heiligen Stätte? Wer rein an Händen und lauteren Herzens ist."[31]

---

[30] Psalm 15, 1f.
[31] Psalm 24, 3f.

Menora und Mensch

In Chagalls Bild „*Die weiße Kreuzigung*"
stehen sich zwei Elemente gegenüber: die

Menora (der siebenarmige Leuchter) und die männliche Gestalt in der Mitte des Bildes. Es scheint so, als hätten diese beiden Elemente mit dem Rest des Bildes nichts zu tun. Während alle Szenen Bewegung, Schrecken und Angst vermitteln, strahlen diese beiden Elemente Ruhe, Stabilität und Gelassenheit aus. Sie hinterfängt auch das Symbol der Heiligkeit, der Heiligenschein. Bei Jesus hinterfängt das Licht der Heiligkeit den Kopf, bei der *Menora* die Kerzen.

Der Text in der *Thora*, der die *Menora* beschreibt, gibt uns einen Hinweis auf die Verbindung zwischen Mensch und *Menora*: „Und mache einen Leuchter von reinem Golde. Gediegen werde der Leuchter gemacht, sein Fuß und sein Schaft, seine Kelche, seine Knäufe und seine Blumen sollen aus ihm sein." (2. Mose 25, 31)

Sein Fuß, auf Hebräisch *Jerecha*, bedeutet soviel wie Schoß und symbolisiert Lust. *Sein Schaft*, auf Hebräisch *Kana*, heißt soviel wie Hals, in dem die Quelle unseres Sprechens liegt. *Sein Kelch* symbolisiert ein Getränk. *Seine Knäufe* symbolisieren seine Kleider. *Die Blumen* symbolisieren den

Versuch des Menschen, sein Leben noch
schöner zu gestalten[32].

Einer jüdischen Auslegung zufolge gibt uns
die *Menora* durch ihre Beschreibung
Hinweise auf die möglichen Wege, zu
Heiligkeit zu gelangen.

Wenn wir uns in unserer Lust, mit unseren
Kleidern, unseren Worten und unserem
Essen zurücknehmen oder bescheidener
werden, vermeiden wir mögliches
Fehlverhalten gegenüber unseren Mitmenschen. Durch Bescheidenheit und Liebe
gegenüber unseren Nächsten können wir
also zu Heiligkeit gelangen.

---

[32] Sprüche 31, 30: „Trug ist die Anmut, und eitel die
Schönheit."

Die Leiter

Wo ist der Tag

Ein Bettler läuft mit seinem Bettelsack
Wir wollen nichts, als unser Brot verdienen
Wo bist du Gott? Der Tod naht
Steig herab und sag uns eine Predigt "[33]

---

[33] Aus einem Gedicht von Marc Chagall, in: Marc
Chagall. Das graphische Werk, Stuttgart 1988,
S. 125.

In der rechten unteren Ecke des Bildes eilt ein Bettler durch das Feuer. Auf dem Boden liegt eine *Thora*rolle. Aus ihr quillt weißes Feuer. Das Feuer bedroht nicht die *Thora*rolle. Es bewegt sich in die Richtung der Leiter, teils auf den Gekreuzigten zu, teils zur zentralen Lichtquelle. Das Feuer erreicht schon den Fuß der Leiter, die zwischen Himmel und Erde steht. Die *Thora*rolle liegt unbeachtet auf dem Boden und wird in Richtung der Leiter ausgerollt.

Nach der jüdischen Lehre hat die Leiter drei Bedeutungen:

Der Mensch als Leiter

Es steht geschrieben: „Und siehe, eine Leiter war gestellt auf die Erde, und die Spitze reichte an den Himmel rührend."[34] Der Mensch, bestehend aus Seele und Körper, symbolisiert die Leiter. Seine Füße stehen auf der Erde wie die Füße der Leiter, und seine Seele, die ein Teil von Gott ist, „das Teil Gottes von droben"[35] reicht zum

---

[34] 1. Mose 28, 12
[35] Hiob 31, 2

Himmel. Mit seiner Seele hat der Mensch die Kraft, nach oben zu steigen zu seiner Quelle, und zwar der Quelle seines Lebens. Die Engel drängen jeden von uns, auf seiner eigenen Leiter nach oben zu steigen und die Heiligkeit Gottes zu erreichen.

Die Leiter als Verbindung zwischen Mensch und Gott

Die Leiter heißt auf Hebräisch *Sulam* und hat den Zahlenwert[36] 136. Sie steht für die Verbindung zwischen Mensch und Gott, denn nach jüdischer Auslegung kommt *Tefila* (Gebet) durch die Stimme (*Kol*/136), *Teschuwa* (Umkehr), durch Fasten (*Zom*/136), *Zedaka* (Spende) durch Geld (*Mammon*/136) zum Ausdruck.

Der Zahlenwert 136 entspricht genau dem der Leiter (*Sulam*). Das heißt, sie alle symbolisieren die Stufen der Leiter, die bis zum Himmel reicht.

---

[36] Buchstaben haben im Hebräischen zugleich einen Zahlenwert, hier: סולם = 60 + 6 + 30 + 40

Am Versöhnungstag sagen wir mehrmals: „*Uteschuwa utefila uzedaka ma`wirim et roah hagsera*", d. h. durch Gebet, Almosen und Fasten wandelt sich unser Urteil zum Guten.

Die Leiter und die Engel als die vier Mächte, die Israel unterdrücken

Die Engel beschreiben nach dem Midrasch [37] die vier Mächte, die nacheinander Israel beherrschen werden. Sie gehen nach oben und nach unten. Alle nacheinander beherrschen Israel und fallen. Die Babylonier steigen siebzig Sprossen und fallen, die Perser steigen zweiundfünfzig Sprossen und fallen, die Griechen steigen hundertundachtzig Sprossen und fallen, aber die Römer steigen und steigen und fallen nicht. Erschrocken erwacht Jakob, und Gott beruhigt ihn:
„Ob du (*Edom*) hochsteigst dem Adler gleich, und ob zwischen Sterne gesetzt ist dein Nest, von da stürze ich dich herab, ist der Spruch des Ewigen."[38]

---

[37] Pirke de Rabbi Eliezer 35
[38] Obadja 1, 4

Die Almosenbüchse

Rechts im Bild und vor der Synagoge auf den Boden geworfen, liegt eine *Kupat Zedaka*, eine Almosenbüchse. Es gibt nach Maimonides[39] acht Stufen der Gerechtigkeit, dazu gehört *Zedaka*, mit der ein Mensch seinen Mitmenschen in schwierigen Zeiten helfen kann. Die

---

[39] Moses Maimonides (Córdoba 1135-1204 Kairo) war ein jüdischer Philosoph, Rechtsgelehrter und Arzt. Mischne Tora, Hilchot Matnot Anijm 10:1, 7-14

niedrigste Stufe beschreibt einen Menschen, der hilft, indem er schimpft. Und die höchste Stufe ist, eine Arbeit für Arme zu finden, mit der sie sich selbst und ihre Familie in Würde ernähren können.

Am Eingang jeder Synagoge hängt oder steht gewöhnlich eine solche Almosenbüchse wie im Bild. Es gibt im Judentum und in vielen anderen Religionen den Brauch, dass man selbst etwas geben muss - und zwar den schwachen Gliedern der Gesellschaft wie Witwen, Waisen, Armen und Fremden -, bevor man etwas für sich von Gott wünscht. Deshalb wird etwas Geld in die Almosenbüchse gespendet. Die Geldgabe, bei der weder der Spender noch der Bedürftige voneinander wissen, entspricht der mittleren Stufe.

Der Begriff *Zedaka*, abgeleitet von *Zedek*, Gerechtigkeit, war für Gott der Grund, mit Abraham und seinen Nachkommen einen Bund zu schließen: „Denn ich habe ihn ersehen, dass er es hinterlasse seinen Söhnen und seinem Hause nach ihm, dass sie wahren den Weg des Ewigen, zu tun Gebühr und Recht – damit der Ewige kommen lasse auf Abraham, was er über ihn ausgesprochen hat."[40] Die Erziehung der Kinder zu Recht und Gerechtigkeit war also die Grundlage für diesen Bund.

Ein Mensch, der solche Unterstützung und Gerechtigkeit für Arme leistet, empfängt Gottes Heiligkeit, denn es steht geschrieben: *„Bezedek echese Panecha"*[41], „Ich aber schaue durch Frömmigkeit dein Antlitz."

---

[40] 1. Mose 18, 19
[41] Psalm 17, 15

Die brennende Synagoge

Auf Erden[42]

Wenn Du zerstört werden sollst

---

[42] Gedicht von Marc Chagall, in: Marc Chagall. Das graphische Werk, Stuttgart 1988, S. 124.

Zur Buße für den Tempel in Trümmern
Wird ein anderer Stern aufgehen
Und aus Deinen Augen eine Taube empor
fliegen
Ich will Deinen Traum erfüllen
Eine andere Wahrheit zeigen
Aus deinem Licht
Meine Farben entnehmen

„Wie schön sind deine Zelte Jakob, deine Wohnungen Israel"[43] singt der Jude, wenn er die Synagoge betritt. Er hüllt sich, seinen Körper und seinen Kopf in einen *Tallit*, um mit gesenktem Haupt die entsprechende *Bracha* (Segensspruch) zu sprechen. Sowohl den kleinen *Tallit*, den der gläubige Jude unter seinem Oberhemd trägt, als auch den großen *Tallit* betrachtet der religiöse Jude als königliche Kleidungsstücke. Auch die Krone wird er bald aufsetzen, sie heißt *Tefillin* [44]. Er hebt seinen Blick und beobachtet die versammelten Gemeindemitglieder. Seine Lippen bewegen sich stumm.[45] Er rezitiert einen Vers aus dem

---

[43] 4. Mose 24, 5
[44] *Tefillin* (Gebetsriemen). Die Bedeutung wird bei Abraham auf Seite 56 erklärt.
[45] 1. Samuel 1, 13. Das ganze Volk hat von Hannah

Gebetbuch, dessen Quelle der TaNaCh[46] ist: „Durch die Größe Deiner Huld komme ich in Dein Haus, bücke mich in deinem heiligen Tempel, in der Furcht vor Dir."[47] Das sind genau zehn Worte in der hebräischen Sprache. So zählt jeder, der in der Synagoge beten will, ob schon ein *Minjan*[48] da ist oder noch nicht. Die vollständige Durchführung des Gottesdienstes erfordert die Anwesenheit von mindestens 10 Männern. Warum spricht er von der Schönheit der Zelte, bevor er sein Gebet anfängt?

Warum sollten sich mindestens 10 Männer in der Synagoge befinden, bevor der Gottesdienst anfangen kann?

Die Schönheit der Zelte führt uns zurück in die Zeit, als die Israeliten durch die Wüste wanderten. Das Volk bewegte sich an der

---

die Art des Gebetes gelernt.

[46] Das ist die ganze Bibel, bestehend aus *Thora* (*Lehre*), *Newiim* (Propheten*)* und *Chtuwim* (*Schriften der Weisheit*).

[47] Psalm 5, 8

[48] Minjan bedeutet eine Versammlung von zehn Männern, die durch ihre Anwesenheit das Gebet bzw. den Gottesdienst in der Synagoge ermöglichen.

Grenze eines Volkes namens Moab, dessen
König Balak es besiegen will, aber es ist
von Angst erfüllt. „Da erschrecken die
Stammesfürsten Edoms, die Mächtigen
Moabs, sie ergreift Beben, vor Angst
aufgelöst sind alle Bewohner Kanaans."[49]
König Balak sendet seine Minister aus, um
Hilfe von Bileam, dem größten Propheten
seiner Zeit, zu holen. Bileam soll das Volk
verfluchen und es dadurch so schwächen,
dass König Balak und sein Volk es
besiegen können. Bileam hat eine
besondere Fähigkeit. Während des Tages
gibt es einen Zeitraum - „einige Sekunden"
- in dem jeder geäußerte Wunsch in
Erfüllung geht. Diesen Zeitraum kannte
Bileam, aber Gott warnte ihn davor, sein
Volk zu verfluchen. Dreimal versuchte es
Bileam, während er von den Bergen auf das
Volk herabblickte. Aber immer wieder
blieb der richtige Augenblick vor ihm
verborgen. Gott ließ es nicht zu, dass sein
Volk mit einem Fluch belegt wurde. Im
Gegenteil, der Fluch wurde schließlich in
einen Segen verwandelt. Von den hohen
Bergen betrachtete der Prophet Bileam das

---

[49] 2. Mose 15, 14

israelitische Volk, und zu seiner Überraschung entdeckte er, dass das Volk die Eingänge der Zelte so gebaut hatte, dass niemand den anderen beobachten konnte. Dadurch war Lästerung unterbunden. Der friedliche Umgang miteinander und die Harmonie untereinander wurden so gestärkt. Nach drei Fehlversuchen wollten Balak und Bileam keinen weiteren Versuch unternehmen. „Ich weiß, wie du das israelitische Volk trotzdem besiegen kannst", wendete sich jetzt Bileam an Balak, kurz bevor sie sich voneinander verabschiedeten. „Das Wichtigste für Gott und das Volk ist nach meiner Beobachtung seine Moral. Wenn du sie brichst, wirst du sie besiegen." Balak befolgte Bileams Rat und sandte die schönsten Frauen seines Volkes zu den Israeliten. Sie sollten die Männer verführen, und sie taten das mit Erfolg, bis ein Priester namens Pinchas durch einen Mordakt diesen Verfall der Moral beendete. Vierundzwanzigtausend Israeliten verloren ihr Leben wegen Gottes Zorn, aber das Volk war gerettet. Bileam selbst musste kurz danach wegen seines Rates sterben. (Freie Übersetzung: massechet Sanhedrin 106, 1)

Die Zahl *Zehn* und ihre Bedeutung als Mindestteilnehmerzahl für die Durchführung eines Gottesdienstes in der Synagoge geht auf eine Diskussion zwischen Gott und Abraham zurück. Gott wollte vor seinem treuen Diener Abraham nicht verbergen, dass er die Städte Sodom und Gomorrah wegen ihrer Missetaten vernichten wollte, und erzählte ihm von seiner Entscheidung. Abraham setzte sich daraufhin für die Gerechten ein und fragte Gott: „Fern sei von dir, solches zu tun, zu töten den Gerechten mit dem Frevler, dass der Gerechte sei wie der Frevler." Der Richter der ganzen Erde sollte nicht üben Gerechtigkeit? Und der Ewige sprach: „Wenn ich in Sodom fünfzig Gerechte in der Stadt finde, so vergebe ich dem ganzen Orte um ihretwillen."[50]
Abraham lässt nicht nach und fragt Gott, ob nicht auch fünfundvierzig, vierzig oder sogar nur dreißig Gerechte genügen würden, um die Städte zu retten? Als Gott auch dieser Bitte zustimmte, fuhr Abraham fort, ob vielleicht auch zwanzig oder noch

---

[50] 1. Mose 18, 23-33

besser zehn Gerechte reichen würden? Bei dieser Zahl endete das Gespräch zwischen Gott und Abraham. Unsere Weisen haben dieses Gespräch und die Mindestzahl *Zehn* so gedeutet, dass dieser *Minjan*, diese zehn Männer, die ganze Gemeinde durch ihre Anwesenheit in der Synagoge und ihr Gebet retten könnten.

Eine Erzählung über das Gebet

Ausländische Journalisten besuchten die Klagemauer und blickten um sich. An der Seite sahen sie einen alten jüdischen Mann, der gerade das Gebet beendet hatte, den *Tallit* zusammenfaltete und im Begriff war, die Klagemauer zu verlassen. Sie näherten sich ihm und sagten: „Können wir mit Ihnen sprechen?"
Jude: „Ja, bitte."
Journalisten: „Wie oft kommen Sie zum Beten hierher?"
Jude: „Jeden Tag seit 40 Jahren."
Journalisten: „Wofür beten Sie hier?"
Jude: „Ich bete, dass Juden und

Palästinenser in Frieden leben, ohne Streit und Krieg, und dass unsere Kinder in Frieden und Sicherheit aufwachsen."
Journalisten: „Absolut traumhaft, und wie fühlen Sie sich, nachdem Sie dafür 40 Jahre gebetet haben?"
Jude: „Als ob ich mit der Wand rede."[51]

Also Beten allein ist nicht genug! Vielleicht ist ein Schrei die höchste Gebetsform. Dieser Schrei hat verschiedene Arten. Ein beherrschter und unterdrückter Schrei, ein stiller Schrei und ein lauter und jammernder Schrei. Diese verschiedenen Laute findet man in den drei Arten des *Schofar*-Blasens, Töne, die beim jüdischen Neujahrsfest, *Rosch Haschana*, und am Versöhnungstag, *Jom Kippur*, zu hören sind. Die Klänge des *Schofars* sollen die Türen des Himmels öffnen.

---

[51] Freie Übersetzung aus dem Hebräischen

Die drei Väter und Rachel

Bei dieser Szene im oberen Teil des Bildes
sehen wir vier fliegende Gestalten, drei
Männer und eine Frau. Wir erkennen die
drei Väter des Volkes und Rachel, Jakobs
Frau. Abraham öffnet seine Hände und
richtet seinen Blick zum Himmel, während
sein Mund geöffnet ist in einer Art Gebet
oder lautem Gespräch vor Gott. Isaak
schwebt in sich gekehrt auf derselben Höhe
wie sein Vater. Er hält seine linke Hand als
Ausdruck der Trauer an seine Wange. Unter
ihm schwebt sein Sohn Jakob, der auch
Israel genannt wird. Jakobs Hände
bedecken seine Augen, so wie das ganze
Volk Israel zweimal täglich seine Augen
bedeckt und das Glaubensbekenntnis

rezitiert[52]: „*Schma jisrael adonai elohenu adonai echad.*" („Höre, Israel, der Ewige unser Gott ist ein einiges ewiges Wesen.") Hinter ihm schwebt seine Frau Rachel, die weint und Gott um Gnade bittet für sein vertriebenes Volk, ihre Kinder.

Eine Erzählung im Midrasch[53] verdeutlicht, wie diese vier Gestalten mit Gott sprechen, während sie das Geschehen betrachten. Abraham fragt Gott, warum die Kinder Israel aus dem versprochenen Land vertrieben und unter die Völker der Welt zerstreut worden sind, warum sie so schrecklich leiden müssen und warum das Heiligtum zerstört worden ist. Gott antwortet, dass die Kinder Israel die *Thora* und ihre Anweisungen nicht befolgt haben! Daraufhin sprechen alle drei von ihren eigenen Opfern und bitten Gott um Gnade. Da springt Rachel, unsere Mutter, vor Gott und sagt: „Herr der Welt, du weißt, dass

---

[52] 5. Mose 6, 4. Das Wort *adonai* der Ewige, *wird* nur im Gebet ausgesprochen.
[53] Midrasch Rabba Echa, Kapitel 23. Bei der hier wiedergegebenen Erzählung aus dem Midrasch handelt es sich um eine freie Nacherzählung des Autors aus dem Hebräischen.

Jakob mich sehr geliebt hat und sieben Jahre gearbeitet hat, damit er mich heiraten konnte. Mein Vater aber wollte, dass meine große Schwester an meiner Statt Jakob heiraten sollte. Ich wusste das und habe mit Jakob ein Zeichen ausgemacht, an dem er mich immer erkennen konnte. Dann, als mein Vater am Abend diesen Tausch vorgenommen hat, wollte ich nicht, dass meine Schwester sich schämt und habe ihr das Zeichen verraten. Und auch im Bett, als Jakob mit Lea sprach, war ich unter dem Bett und habe Jakob auf alle seine Fragen geantwortet. Ich war nicht eifersüchtig und meine Schwester hat sich nicht geschämt. Wenn ich nur Fleisch und Blut bin und du König der Welt bist, warum warst du so eifersüchtig auf Götzen, die überhaupt nicht echt sind? Und meine Kinder sind deshalb überall hin vertrieben und getötet worden." Sofort bekommt Gott Mitleid mit seinem Volk und sagt zu Rachel: „Für dich, Rachel, bringe ich meine Kinder in ihr Land zurück"[54], wie geschrieben steht: „Also spricht der Ewige: Eine Stimme der Klage

---

[54] Midrasch Raba Echa rabati, petichata de - Chakimi 24.

wird zu Ramah gehört, bitterlich Weinen, Rachel weint um ihre Kinder; sie verweigert es, sich trösten zu lassen um ihre Kinder; denn sie sind dahin. Also spricht der Ewige: Halte zurück deine Stimme vom Weinen und deine Augen von Tränen; denn ein Lohn ist für dein Tun, ist Spruch des Ewigen, und sie werden zurückkehren aus dem Lande des Feindes. Und Hoffnung ist für deine Zukunft, ist der Spruch des Ewigen, und es werden zurückkehren die Kinder in ihr Gebiet.“[55]

---

[55] Jeremia 31, 15-17

Die *Tefillin* auf Abrahams Haupt

Vorn auf dem Kopf Abrahams, dem ersten Juden nach jüdischer Tradition, hat der Künstler und *Thora*gelehrte Chagall *Tefillin* gemalt. Dieser Gegenstand hat zwei Teile, einen für den Arm und einen für den Kopf. Diese *Tefillin* legt der Jude bei seinem Morgengebet an. Die *Kabbala* erklärt uns, dass dieser besondere Gegenstand eine direkte spirituelle Verbindung mit Gott herstellt.

Es steht geschrieben, dass Gott den Menschen nach seinem Ebenbild erschaffen hat. Gottes Name besteht aus vier Buchstaben, *Jod*, *Hej*, *Waw* und *Hej*, die wir Juden nicht aussprechen dürfen. Nach der *Thora* durfte nur der Hohe Priester im Tempel am Versöhnungstag den Namen Gottes dreimal erwähnen, damit Gott seinem Volk die Sünden verzeihe. Diese vier Buchstaben beschreiben auch den menschlichen Körper. *Jod* bedeutet Kopf, *Hej* bedeutet die rechte Hand (Finger) mit ihrem Zahlenwert Fünf, *Waw* steht für eine gerade Linie und bedeutet Körper und noch einmal *Hej* beschreibt die linke Hand (Finger). In der *Kabbala* gibt es den Begriff „*kuzzo schel jod*" für den Punkt am oberen Teil des Buchstabens *Jod*. Aus diesem kleinen Punkt hat Gott die Welt erschaffen. Dieser Punkt ist nach der *Kabbala* die Verbindungsstelle zwischen unserer Welt und dem Licht Gottes, „*en sof*". Beim Anlegen der *Tefillin* auf dem Kopf, den *Jod* symbolisiert, haben wir diese „*kuzzo schel jod*" und dadurch die Verbindung hergestellt. Man kann die *Tefillin* mit der Antenne eines Radios vergleichen, die uns bei einer bestimmten Wellenlänge die gewünschte Musik liefert. Durch die *Tefillin* sind wir in der Lage, die „göttliche Musik" zu hören.

Im *Talmud* steht mit Bezug auf den *Thora*vers geschrieben: „… alle Völker der Erde werden sehen, dass der Name des Ewigen genannt ist über dich, und werden sich vor dir fürchten."[56] Die Israeliten sind mit den *Tefillin* auf dem Kopf in den Krieg gezogen. Das lernen wir von den Initialen des Verses „dem Namen des Ewigen genannt"[57]: „*Schem Haschem Nikra*"[58] Die Initialen bilden den Buchstaben *Schin*, der auf den Tefillin zu finden ist.

---

[56] Massechet Menacht 35, 2, Brachot, 6 und Sotta 17, siehe Anm. 16.

[57] 5. Mose 28, 10

[58] *Haschem* heißt übersetzt *der Name* und bezieht sich auf Gottes Namen, wenn wir über ihn sprechen. Geschrieben wird er mit *Jod.*

Das Pogrom

Auf Erden

Überall vertreibt man mein Volk.
Seine Krone liegt am Boden.
Am Boden das Zeichen Davids.
Wo ist sein Glanz, seine Ehre?

Mit seinen Händen verdammt es den
Himmel.
Es verflucht sein Exil.
Ein Blitz verzehrt sein Elend.

Es naht das Schwert.[59]

Mit den Farben Schwarz und Rot verbildlicht Chagall die kriegerischen Absichten der über das Dorf herfallenden Soldaten. Einer der Dorfbewohner liegt leblos auf dem Boden. Ein anderer wird von seiner Familie oder von Freunden umarmt und beweint. Links in der Mitte des Bildes auf dem Boden liegend, neben einem leeren Stuhl, sehen wir ein Tier, das auf den Betrachter blickt und wartet.

Auch nach vielen Jahren sehen wir immer wieder entsetzt auf Tod und Zerstörung, die Menschen anderen Menschen im Laufe der Menschheitsgeschichte angetan haben. Wie Roboter ohne Mitgefühl, Weisheit oder Selbstreflexion attackieren sie gnadenlos andere Menschen, Gruppen oder ganze Völker und verbreiten Trauer, Elend und unendlichen Schmerz. Im *Talmud* steht

---

[59] Gedicht von Marc Chagall, in: Marc Chagall. Das graphische Werk, Stuttgart 1988, S. 124.

geschrieben: „Jeder, der eine Seele[60] tötet, gleicht einem, der die ganze Welt getötet hat, und jeder, der eine Seele gerettet hat, gleicht einem, der die ganze Welt gerettet hat."[61]

Der Mensch ist als Ebenbild Gottes geschaffen. Sein Leben ist somit ein göttliches Geschenk, das kein Mensch auf dieser Welt nehmen darf. Jeder hat die Möglichkeit, für eine Weile im Reich Gottes zu sein und der zentralen Botschaft der Bibel zu folgen, nämlich der Liebe zu unseren Nächsten. Nur Gott hat das Recht zu nehmen, was er gegeben hat. Der Mensch hat leider die Macht zu zerstören und zu töten, aber nicht das Recht dazu; dafür gibt es Gerichtshöfe und Richter. Kein Mensch darf sich gegenüber seinen Mitmenschen wie Gott aufführen. Kein Mensch darf Gott spielen, denn es kommt die Zeit der Rechenschaft, wenn ihm alle

---

[60] Die Schrift spricht von Israel, meint aber die ganze Welt, denn von Adam stammt die ganze Menschheit ab, und Adam war kein Jude oder Israelit.

[61] Massechet Sanhedrin 37 a; Rambam, Sanhedrin 12, 3, siehe Anm. 16.

seine Taten und Missetaten im Himmel vor Augen geführt werden. Dann wird er es bedauern, wenn er seinen Mitmenschen kein Mitgefühl erwiesen hat. Wenn wir uns jeden Tag bewusst machten, dass wir jeden Moment sterben können, würden wir bestimmt unseren Mitmenschen mit großer Bescheidenheit begegnen. Wir leben hier mit den zehn Geboten. Die ganze Menschheit kennt sie und soll sie auch befolgen, denn sie sind lebensnotwendig auf dieser Erde. Dennoch ist die Menschheit von einem friedlichen Miteinander weit entfernt. Die Juden erwähnen in ihrer *Pessach-Haggada* folgenden Satz:

„Schebechol Dor waDor Omdim alenu leChalotenu, WeHakadosch Baruch Hu mazilenu mijadam.“[62] In jeder Generation stehen sie gegen uns auf, um uns zu vernichten. Doch der Heilige, gelobt sei er, hat uns aus ihrer Hand errettet."

---

[62] Zitiert nach: Zentralrat der Juden in Deutschland (Hrsg.), Pessach-Haggada, Jerusalem 2009, S. 32.

Israel wird verglichen mit einem kleinen Schäfchen unter siebzig Wölfen. Und nur ihr Schäfer kann es retten, wie geschrieben steht: „Auch wenn ich gehe im Tale des Todesschattens, fürchte ich kein Leid, denn Du bist mit mir."[63]

Die *Thora* ist die Grundlage der Verbindung von Gott und den Juden. Chagall hat einen Esel neben einem leeren Stuhl gemalt. Der Esel symbolisiert sowohl den Künstler selbst, der hier darauf wartet, dass jemand sich auf den Stuhl setzt und ihn die *Thora* lehrt, als auch die *Thora*. Aber der Stuhl bleibt leer und wird für absehbare Zeit wahrscheinlich auch leer bleiben, denn alle sind von dieser Stelle geflohen.

---

[63] Psalm 23, 4

Aufstieg in das Gelobte Land

Wo ist der Tag

Erbarmen. Erhebe Dein Volk
Wo ist der Tag, an dem Du es erwählt und
gesegnet hast
Wo ist die Taube der Arche
Die uns die Zukunft eröffnet?[64]

Chagall malt die Bootsbesatzung als eine
Szene des Abschiednehmens von dem
ganzen Elend, das dieses Bild erfüllt. Man
kann erkennen, dass dieses Bild das dritte
in der Pogromreihe ist.

---

[64] Gedicht von Marc Chagall, in: Marc Chagall. Das
graphische Werk, Stuttgart 1988, S. 125.

Die erste Szene zeigt die Verfolger in Gewaltabsicht mit roter Fahne. Die zweite Szene zeigt ihre Untaten, Häuser, die auf dem Kopf stehen oder durch die Luft gewirbelt werden als Symbol von Chaos und Zerstörung.

Die dritte Szene schließlich zeigt die Rettung und das Verlassen des Landes. Immer wieder, nach jedem Pogrom, ergriffen Juden die Flucht zu ihrer ersehnten biblischen Heimat Israel, dem von Gott versprochenen Land. Die Menschen in diesem Boot zeigen eine breite Palette von Gefühlen, von totaler Erschöpfung wie die beiden Männer auf der linken Bootsseite und die traurige Frau mit dem gesenkten Kopf hinten im Bild, bis zu den stehenden jubelnden Männern, die eine neue und bessere Zukunft vor Augen haben.

Im Laufe von tausend Jahren versuchten mehrere Gruppen von Juden in ihre Heimat zurück zu kehren. Bekannt ist die Auswanderung von dreihundert Rabbinern aus Europa im Jahr 1211. Von 1989 bis heute kam aus den Ländern der GUS

66

(Gemeinschaft unabhängiger Staaten) die
größte Auswanderungswelle, die fast eine
Million Juden zurück in ihre Heimat
brachte. Ich vermute, dass in der nahen
Zukunft noch mehrere hunderttausend
Juden Europa verlassen und nach Israel
emigrieren werden. Die politische
Spannung zwischen Israel und dem Iran
gefährdet insbesondere die Juden in der
Diaspora und kann eine antisemitische
Welle auslösen.

Fazit

„En Masal LeIsrael", d. h. kein Glück für
Israel. Diese Worte im Talmud[65] kann man
auf zweierlei Weise erklären. Zum einen:
Israel hat kein Glück und zum andern: Das
Glück hat keine Macht über Israel. Für den
ersten Gesichtspunkt steht in jeder Ecke des
Bildes der Schlamassel; kein Glück, nur
Elend und Unglück überall. Für den
anderen Gesichtspunkt spricht, dass Israel
die *Thora* besitzt und dadurch das Schicksal
keine Macht über Israel hat. *„Gam su*

---

[65] Massechet Schabbat 156, b. Siehe Anm. 16

letowa."[66] (Auch so ist es gut.) Diese Worte haben die Juden längst als Leitspruch verinnerlicht.

---

[66] Massechet Brachot 60; Massechet Taanit 21. Siehe Anm. 16.

Teil II   *König David*

Marc Chagall, König David (1951), Öl auf Leinwand
198x133 cm, Centre Pompidou, Paris

Bei meinem Versuch, die verschiedenen
Gestalten, die Chagall in seinem Gemälde
König David dargestellt hat, zu
identifizieren, überkamen mich Zweifel.
Hat Chagall den Propheten Nathan oder
den geschlagenen Ehemann Urija gemalt?
Hat Chagall wirklich eine Gestalt, nämlich
Batseba, dreimal in diesem Bild gemalt?
Was meinte Chagall mit dem Hahn, der
von einem Heiligenschein hinterfangen
wird? Diese Fragen und andere mehr
werden hier anhand der *Thora* und der
Chachamim[67] beantwortet.

Das Bild „König David" von Marc Chagall
erzählt die berühmte Geschichte von König
David, der sich in Urijas Frau Batseba
verliebte und mit ihr ein Kind gezeugt hat.
Urija selbst wird auf seinen Befehl hin in
den Tod geschickt.[68]

---

[67] Das hebräische Wort *Chachamim* bezeichnet die
Weisen des Volkes seligen Andenkens.
[68] 2. Samuel 11, 2–12 und 25

Die Gestalten

Das Bild von Chagall beinhaltet nach meinem Dafürhalten folgende Gestalten:

König David
Er steht groß und erhaben am linken Bildrand. Er trägt ein prächtiges rotes Gewand. Sein Haupt ziert eine Krone. Er erscheint hier als Sänger, Musiker und Verführer.

Batseba
Dreimal hat Chagall Batseba, Urijas Frau, auf seinem Bild dargestellt. Einmal aufreizend auf dem Tisch liegend, fast nackt in einem weißem Gewand. Ein weiteres Mal erscheint sie ganz unten im Zentrum des Bildes mit einem Kind auf dem Arm. Und zum dritten Mal steht sie hinter dieser Frau, klein, verdunkelt und hält ihren Unterleib mit einem bedrückten Gesichtsausdruck. Wir wissen aus dem Buch Samuel[69], dass sie das erste mit König David gezeugte Kind verloren hat.

---

[69] 2. Samuel 12, 19

Urija oder Nathan

Urija, der Feldmarschall in Davids Armee und Batsebas Mann war, sitzt in sich gekehrt und mit einem dunklen Gewand bekleidet, im Bild rechts unten. Aber diese Gestalt kann auch Nathan, der Prophet, sein. Das Gewand und das offene Buch neben dem Mann lassen eher auf einen Gelehrten als auf einen Soldaten schließen.

Lilit

Adams erste Frau, die ihn verlassen hat und die die Fähigkeit besitzt, neugeborene Kinder zu töten, taucht hier im Bild unter Batseba auf und hält einen Leuchter fest in ihren Händen.

Das Kind Salomon

Von oben zwischen König David und Batseba wird ein Kind von einer großen Hand fast wie ein Geschenk ins Bild gereicht. Der Körper des Kindes ist von prachtvollen Blumen bedeckt.

Der Hahn

Oben, fast in der Mitte des Bildes, malte Chagall einen Hahn. Der Hahn wird von einem Heiligenschein hinterfangen. Er nimmt fast die höchste Stelle in Chagalls Bild ein und steht noch höher als König David.

Chagall und die Wanderung

Oben rechts im Bild hat sich der Künstler selbst dargestellt. Denkend, mit gesenktem Kopf und betrübtem Gesichtsausdruck betrachtet Chagall König David und nimmt eine Stellvertreterfunktion für das gesamte jüdische Volk ein, das sich über das Vergehen des Königs wundert.

„Er muss sterben"?

Die Geschichte von David und Batseba ist nicht zu entschlüsseln mit den ersten methodischen Schritten, die man anwendet, um die *Thora* zu verstehen, nämlich nicht mit *Pschat* (Einfachheit) und nicht mit *Remes* (Hinweisen*)*, sondern mit *Drasch* (Auslegung*)* und *Sod* (Geheimnis*)*.[70]

Auf der ersten Stufe der Auslegung beurteilen wir König David wegen seines Vergehens genauso, wie er selbst sich verurteilt. „Der Mann ist des Todes schuldig"[71], rief er, als der Prophet Nathan das Gleichnis erzählte, in dem David sein eigenes Handeln wieder erkannte.

Aber wir fragen: Was meinte David, als er rief: „Der Mann ist des Todes schuldig"? Warum behauptet David, dass er nur gegenüber Gott gesündigt hat?[72] Können wir das Verhalten dieser biblischen Gestalt mit unserem einfachen Verstand überhaupt beurteilen? Darf eine Persönlichkeit, die auf

---

[70] Vgl. Anmerkung 21
[71] 2. Samuel 12, 5
[72] 2. Samuel 12, 5

74

gleicher Höhe mit den Vätern des Volkes steht, mit Abraham, Isaak und Jakob, solche schweren Verbrechen begehen wie die Ermordung des Rivalen, um dessen schöne Frau besitzen zu können? Vielleicht fehlen uns Informationen, die in der Schrift verborgen sind? Denn am Ende wurde David von dem Propheten Nathan[73] und von Gott verziehen[74].

---

[73] 2. Samuel 12, 24-25
[74] 1. Könige 8, 26

König David

Marc Chagall malte König David als eine sehr schöne Gestalt. Sein strahlendes und träumerisches Gesicht, sein Bart und seine *Peot* (Schläfenlocken), seine Krone, die er stolz trägt, und sein Blick verraten, dass er es gewohnt war, alles zu bekommen, was er wollte.

Mit seinem prachtvollen und verzierten Gewand und seinem Können als Musiker und Sänger war es David anscheinend möglich, das Herz aller höher schlagen zu lassen und sie dazu zu bringen, zu seinen Füßen zu liegen. Mit der Harfe in den Händen und mit seinem Gesang hat David den Menschen seiner Zeit viel Freude bereitet, so auch König Saul.

Und bis heute erfreuen wir uns an seinen Liedern; denn nach jüdischer Lehre gehen einige der 150 Psalmen auf ihn zurück.[75]

Dieser große Mensch war als Kind lebensunfähig und sollte sterben. Adam, der erste Mensch, der tausend Jahre leben sollte, hat ihm siebzig Jahre von seinem Leben abgegeben. Deshalb hat er nur neunhundertdreißig Jahre gelebt. Der Name ADaM beschreibt dieselbe Seele in drei Gestalten. *A* für Adam, *D* für König David und *M* für den Messias, der aus dem Samen Davids kommen soll.

---

[75] Massechet Baba Batra 14, 2. Siehe Anm. 16.

Als Kind und Junge wurde David von seiner Familie verachtet und ignoriert, wie geschrieben steht: „Denn mein Vater und meine Mutter haben mich verlassen, aber der Ewige nimmt mich auf."[76]

Seine große Fähigkeit, die auch als Botschaft für uns Menschen gesehen werden kann, ist seine Kraft zur Reue und Umkehr trotz schweren Vergehens.

Wie kommt dann einer wie David zu diesem Vergehen?

Rabbi Jehuda berichtet uns im Talmud darüber: „Niemals soll ein Mensch sich in Versuchung bringen."[77] Er erzählt, dass König David sich bei Gott beklagte und fragte: „Warum sagen wir beim Gebet *Gott Abrahams, Gott Isaaks und Gott Jakobs* und nicht auch *Gott Davids*"? Gott antwortete ihm, dass alle drei Prüfungen bestanden hätten. David erbat daraufhin, ebenfalls vom Ewigen geprüft zu werden.[78]

---

[76] Psalm 27, 10
[77] Massechet Sanhedrin 107, 1. Siehe Anm. 16
[78] Psalm 26, 2

Einen Tag danach stand er schon vor seiner ersten Prüfung. David ging auf dem Dach seines Palastes spazieren und beobachtete einen Vogel, der vor ihm über die Dächer Jerusalems kreiste. Mit einem Pfeil versuchte David ihn zu treffen, aber stattdessen traf er einen Vorhang, der daraufhin zu Boden fiel. Hinter dem Vorhang machte er zu seiner Überraschung eine besondere Entdeckung.

War das alles ein Zufall? Warum konnte er nicht schlafen? Was für ein Vogel war das, der seine Aufmerksamkeit und seinen Jagdtrieb weckte? Welche Entdeckung machte David, nachdem der Vorhang gefallen war?

In der hebräischen Sprache besteht das Wort Zufall aus vier Buchstaben, *M, K, R* und *H*. Die ersten drei Buchstaben heißen auch *MaKoR* und bedeuten *Quelle/Ursache*. Der letzte Buchstabe *H* ist „*Haschem*" (Gott). Also „*Makor Haschem*" bedeutet *Gottes Quelle/Ursache*. Das bedeutet eigentlich, dass nichts im Reich Gottes Zufall ist, sondern seine Ursache/Quelle bei Gott hat. Und so war es auch hier.

Der Satan[79] ließ David nicht schlafen und verwandelte sich in einen Vogel. Davids Jagdtrieb brachte ihn dazu, den Vogel zu jagen. Statt des Vogels traf David mit seiner Schusswaffe allerdings einen Vorhang, hinter dem die schöne Batseba badete. Der Vorhang fiel daraufhin herab und gab den Blick auf die nackte Frau frei. David war überrascht. Das hatte er nicht erwartet. David wollte daraufhin unbedingt wissen, wer diese schöne Frau war. Er sendete seinen Diener aus, um das zu erfahren. Was war seine Reaktion, als er ihren Name erfuhr?[80]:

„Das ist ja Batseba, Tochter Eliams, das Weib Urijas, des Chitti (des Hethiters)!"

Diesen Satz rief David mit voller Freude aus. Was war der Grund für seine Freude?

Dafür gibt es zwei Auslegungen:

---

[79] Das Wort leitet sich von *Masstin* ab und bedeutet Kläger. Diese Gestalt hat drei Aufgaben: Menschen verführen, sie bei Gott anklagen und ihre Strafe dann vollstrecken.
[80] 2. Samuel 11, 3

Erstens: David wusste jetzt, dass Batseba mit seinem General Urija zusammenlebte und deshalb keine verheiratete Frau war, denn in Davids Zeiten war es üblich, dass alle Soldaten ihren Frauen einen Scheidebrief[81] geben mussten, bevor sie in den Kampf zogen. Durch diesen Scheidebrief konnten die Frauen sich wieder verheiraten, wenn ihre Männer im Krieg gefallen waren und ihre Leichen nicht gefunden werden konnten. Diese Idee stammt von Achitophel[82] und stützt sich auf einen Vers in Samuel "... und deine Brüder befragenach ihrem Wohlsein und nimm Bürgerschaft von ihnen mit"[83] Unter dem Wort *Unterpfand* wird *Scheidebrief* verstanden. Das bedeutet, dass Batseba geschieden und frei war, und David meinte folglich vielleicht, sie für frei halten und für sich fordern zu dürfen und mit ihr auch Geschlechtsverkehr haben zu können, ohne irgendwelche Sünde auf sich zu nehmen.

Der zweite Grund für Davids Freude könnte gewesen sein, dass König David Batseba

---

[81] Massechet Ktubot 9, 2. Siehe Anm. 16.
[82] Er war der Großvater von Batseba.
[83] 1. Samuel 17, 18

bereits sehr gut kannte, denn sie sollte ursprünglich seine Frau werden. Ischai, Davids Vater, war der Urenkel von Ruth, der Tochter des König Moab. Er kannte Eliam, Batsebas Vater und wollte sie für seinen Sohn David. Dieser Plan kam nicht zustande, weil David wegen seines Sieges über Goliat Sauls Tochter Michal heiraten musste.

Batseba war also von vornherein für ihn bestimmt gewesen. Adam hat David siebzig Jahre von seinem Leben abgegeben, um seine Verzweiflung wegen Eva durch Batseba zum Guten zu verwandeln. Er hätte geduldig abwarten und nicht der Zukunft nachjagen sollen, was er aber dennoch tat.

Wenn wir Davids Leben unter die Lupe nehmen, entdecken wir einen besonderen Menschen, der von seiner Geburt bis zu seinem Tod ständig gelitten hat und dennoch immer glücklich war. Schon als Junge war er mehrmals in Lebensgefahr und hat Verachtung erfahren. Aber von seiner höchsten Not berichtete er, dass er glücklich gewesen sei: „Heil dem Mann, den du

züchtigst, Gott, und aus deiner Lehre
unterweist."[84]

Seine Feinde jagten ihn jahrelang und
überall. Darüber äußerte sich David in dem
von ihm verfassten Psalm 23 wie folgt: „Ja,
nur Glück und Heil folgen mir nach all
meine Lebenstage."[85]

Ist er nicht ein Lügner? Diejenigen, die
seinen Lebenslauf kennen, wissen sofort,
dass David nicht die Wahrheit sagte. Also,
ist er ein Lügner, oder betrachten *wir* das
Leben mit einem anderen Blick als David?
Was sah er, das wir nicht sehen?

Warum besang er mit Freude jedes Elend,
das er erlebte und blieb immer voller Liebe
und Vertrauen gegenüber Gott und meistens
auch voller Mitgefühl gegenüber seinen
Mitmenschen?

Der Mensch soll das Schlechte begrüßen
genauso, wie er das Gute begrüßt,[86] belehren
uns unsere *Chachamim*, die Weisen.

---

[84] Psalm 94, 12
[85] Psalm 23, 6
[86] Massechet Brachot 9,5. Siehe Anm. 16

Ein Licht auf diese Weisheit wirft folgende Erzählung:

Die Schüler eines Rabbi wunderten sich sehr, als sie von ihm diesen Vers hörten. „Wie kann das sein?", fragten sie ihren Lehrer bestürzt.

„Wenn ihr diesen Satz wirklich verstehen wollt," sagte der Rabbi „dann solltet ihr Rabbi Susija besuchen und ihn fragen."

Die Schüler machten sich auf den Weg. Nach drei Tagen standen sie vor dem Dorf, wo Rabbi Susija lebte. Die Häuser, oder besser gesagt, die Hütten und behelfsmäßigen Unterkünfte sahen so aus, als ob ein schwacher Wind genügen würde, um sie nieder zu reißen.

Als sie bald darauf vor dem Haus des Rabbi Susija standen, ging ihnen auf, was ihr Rabbi gesagt hatte. Die Hütten und Zelte ihres eigenen Dorfs waren wie Paläste, verglichen mit diesen Hütten. Rabbi Susija empfing seine Gäste mit freundlichem Gesicht und strahlenden Augen. Sie äußerten ihren Wunsch, von ihm zu erfahren, wie ein Mensch Gott für das Schlechte genauso wie für das Gute danken kann? „Das ist bestimmt ein Irrtum," rief Rabbi Susija. „Wie kann ich das erklären? Gott hat mir alles gegeben, was ich zum Leben brauche. Und dafür bin ich dankbar und glücklich."

Batseba

Batseba liegt halbnackt und verführerisch
auf einem Tisch. Sie strahlt in ihrem
weißen Kleid. Ihre überlängte Gestalt reicht
bis zu der unten sitzenden Gestalt. Es sieht
so aus, als ob Chagall Batsebas Körper in
die Form einer Harfe biegt und sie schutz-
und willenlos auf dem Tisch darbietet. Ihre
Kopfhaltung deutet darauf hin, dass sie
konzentriert Davids Musik lauscht. Die
Tischkante beschreibt eine nach rechts

aufsteigende Diagonale, die vom Schoß des
Königs zum Schoß von Batseba führt.

Nachdem König David Batseba nackt beim
Baden erblickt hatte, hatte er sie zu sich
zum Essen eingeladen. Was war das Ziel
dieser königlichen Einladung? Wollte
König David Batseba nur sein Können auf
der Harfe vorführen? Manche behaupten, er
wollte mit Hilfe seines Instrumentes
Batseba dazu bringen, mit ihm zu schlafen.
Ist das wirklich so einfach? Das erste
Gebot[87] in der *Thora* lautet: Vermehrt euch,
mit dem Ziel, das Leben auf dieser Erde zu
erhalten.

Die Sexualität hat in der *Thora* mit Wissen
und Weisheit zu tun. Sexualität wird mit
dem Wort *Jada* beschrieben und bedeutet
mehr eine Seelenverbindung und
himmlische Begegnung als einen rein
körperlichen Akt. Was hat dann dieses
Wissen, diese Weisheit und
Seelenverbindung mit David und Batseba
zu tun?

---

[87] 1. Mose 1, 28

Es wird erzählt, dass eine reiche Frau zu Rabbi Akiba kam und ihn fragte: „Was macht Gott in diesem Moment, ist Gott ohne Beschäftigung? Denn den Himmel und die Erde hat er ja schon erschaffen." Rabbi Akiba antwortete, dass Gott den Menschen hilft, ihre Lebensgefährten zu finden. Daraufhin sagte die reiche Frau: „Das ist zu einfach. Das kann auch ich machen." Sie kehrte zurück nach Hause und befahl allen hundert Dienern, die sie hatte, sich in zwei Reihen aufzustellen, die Männer den Frauen gegenüber. Sie bewegte sich zwischen diesen Reihen hin und her und ordnete an, wer wen heiraten sollte. Es waren aber noch nicht zwei Tage vergangen, als die Diener zu ihr kamen, geschlagen, verletzt, mit zerrissenen Kleidern und gebrochenen Beinen und Händen. Da hatte sie verstanden, dass die Ehen nicht von Menschen, sondern im Himmel gestiftet werden.

Und so verhielt es sich nach dem *Sohar*[88]
mit David und Batseba. Gott hatte sie schon
bei der Erschaffung der Welt füreinander[89]
bestimmt. Was war nun der Grund für die
Verzögerung dieser vom Himmel
gewünschten Verbindung?

Der *Sohar* erzählt, dass Urija ursprünglich
Goliaths Diener war. Als David Goliath
besiegt hatte, wollte er ihn enthaupten,
wusste aber nicht, wie man seinen Helm
öffnet. David bat Urija um Hilfe und
versprach ihm dafür, ihm den Übertritt zum
Judentum zu ermöglichen und für ihn eine
Frau zu finden. Da sagte Gott zu David,
dass er wegen seines Versprechens, für
Urija eine Frau zu besorgen, auf die für ihn
bestimmte Frau zunächst verzichten müsse.
Und so geschah es, dass David erst
Michal[90], Sauls Tochter, zur Frau bekam.
Als David später mit Batseba verkehrte,

---

[88] Der *Sohar* ist das Buch der *Kabbala*, das die
tiefste Lehre des Judentums beinhaltet. Das Wort
Sohar bedeutet Glanz.
[89] Massechet Sanhedrin 107, 1, s. Anm. 16.
[90] Zuerst sollte David wegen seines Sieges über
Goliath sogar Meraw, Michals Schwester,
bekommen.

erfuhr er, dass sie noch Jungfrau war. Urija hatte nie mit ihr geschlafen[91], denn er war ein Eunuch.

Durch diesen „Umweg" zeigt uns Gott, dass sehr viel von seiner Welt [92] vor uns verborgen ist. Obwohl eine Frau für jemanden bestimmt ist, kann jemand anders sie vorher heiraten. Wenn aber die Zeit gekommen ist, muss der Andere diese Welt verlassen[93], wenn es Gott auch nicht leicht fällt, den Anderen vor seiner Zeit zu sich nehmen.

In der Tat war Batseba für David bestimmt, aber sein großes Vergehen war, dass er sie vor der Zeit genommen hat; vor der Zeit, die Gott bestimmt hatte. Also hat er sich vorgedrängt und Urijas Tod schneller, als vorgesehen, verursacht. Das heißt, er hat gegen Gottes Willen verstoßen. Dafür

---

[91] 2. Samuel 12, 3 „.... wie eine Tochter ... ."
[92] Welt in Hebräisch ist *Olam* und bedeutet Verborgenheit.
[93] Jesaia 55, 8-11 ... Denn nicht meine Gedanken sind eure Gedanken, und nicht eure Wege meine Wege.

musste er sterben, aber er hat *Teschuwa*[94] geübt und deshalb wurde ihm verziehen. Nathan, der Prophet, sagte zu ihm, dass er nicht sterben[95], aber sehr schwer bestraft[96] werde. Die Strafe ließ nicht lange auf sich warten. David bestimmte selbst seine Strafe. Er musste vier Bußen[97] auf sich nehmen, wie geschrieben steht: „Und das Lamm soll er vierfach bezahlen ...“[98] Die Sühne fängt mit dem Tod des Kindes an.[99]

---

[94] Unter *Teschuwa* wird Reue sowie Umkehr vom Bösen zum Guten verstanden. Es ist die wichtigste religiöse Handlung im Judentum.

[95] 2. Samuel 12, 13

[96] 2. Samuel 12, 10

[97] 1. Batsebas erstes Kind stirbt. 2. Vergewaltigung seiner Tochter Tamar durch seinen eigenen Sohn, 3. sein erstgeborenes Kind Ruben stirbt, 4. sein Sohn Absalom kämpft gegen ihn und wird getötet.

[98] 2. Samuel 12, 6

[99] 2. Samuel 12, 15

Das Ziel

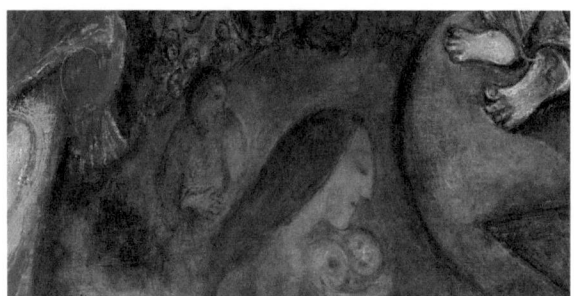

Hier in diesem Bildausschnitt sehen wir zwei Frauen. Die Frau im Hintergrund berührt in einer Geste, die Schmerz ausdrückt, ihren Unterleib und trauert um ihr verstorbenes Kind. Die andere Frau hält ihr Kind – vermutlich Salomon -, das mit seiner linken Hand an die nackte Brust der Mutter fasst, glücklich im Arm. Es ist beides Mal ein und dieselbe Frau, nämlich Batseba.

David verstand, dass sein erstes Kind, das er mit Batseba zeugte, sterben musste, weil dieses aus einer illegitimen sexuellen Begegnung hervorgegangene Kind nicht die Dynastie der Gesalbten Gottes weiter führen durfte. Er zeugte mit Batseba noch

ein weiteres Kind, das später das Heiligtum
in Jerusalem bauen sollte.

Urija oder Nathan?

Diese Gestalt eindeutig zu identifizieren, ist nicht leicht. Es könnte sich sowohl um Urija als auch um den Propheten Nathan handeln. Beiden kommt in der biblischen Geschichte eine wichtige Rolle zu. Urija ist der Ehemann von Batseba. Urija und Nathan leiden beide unter dem Geschehen und beide betrauern die Situation. In der

Körperhaltung der hockenden Gestalt drückt sich Leid und Trauer aus.

Wenn wir über Urija nachdenken, sehen wir den Soldaten und Helden, dessen Welt zusammengebrochen ist. Mehrere Menschen stehen ihm gegenüber und wissen genau, was geschehen ist. Vielleicht hat er das geahnt, oder es wurde ihm erzählt und schon deshalb wollte er nicht nach Hause gehen. Er trägt keine Uniform, weil er vorher im Palast war, wohin König David ihn eingeladen hatte.

Wenn wir aber über Nathan, den Propheten, nachdenken, können wir sagen, dass er alt war und keine Uniform trug. Das offene Buch neben ihm könnte die *Thora*, die Weisung Gottes sein. Das Volk, das ihm gegenüber steht und das er betrachtet, wartet ungeduldig auf sein Urteil. Sein Blick richtet sich auf die beiden Frauen, die vor ihm stehen, als sähe er vor seinen Augen eine Zukunftsvision.

Urija

Chagall bekleidet den barfüßigen Mann, bei dem es sich um Urija handeln könnte, mit einem dunklen Gewand. Die Gestalt macht einen in sich gekehrten Eindruck. Ihr geneigter Kopf lässt auf eine gedrückte Stimmung schließen.

Die hinter Jerusalem aufgehende Sonne symbolisiert den kommenden Messias, der aus Davids Samen geboren wird.

Warum sitzt Urija dort? Warum will er nicht nach Hause gehen, wie David ihm befohlen hat? Hat er schon von der Beziehung zwischen Batseba und David erfahren? Urija, der hier alt und sehr müde wirkt, ist ein Krieger, der das Schlachtfeld mehr liebt als sein Zuhause. Er gehörte zu den 37 Helden Davids[100].

Er war möglicherweise von Davids Aufforderung überrascht. In dieser Zeit, in der schwere Kriege geführt wurden, durfte er in Jerusalem Urlaub machen, mit dem

---

[100] 2. Samuel 23, 39

König ein festliches Mahl einnehmen und
einige Tage zuhause mit seiner Frau
verbringen? Eine traumhafte Vorstellung.
Urija sah das aber nicht so. Er war ein
ungehobelter Krieger und hatte keine feinen
Manieren. In der Unterhaltung zwischen
ihm und König David drückte Urija seine
Verachtung für den König aus. Er
missachtete die königliche Autorität und
befolgte dessen Wunsch nicht. „Nicht du
bist mein Befehlshaber", könnte man
zwischen den Zeilen lesen, „sondern Joaw,
der Armeebefehlshaber." Das klingt nach
Revolte. Der Soldat des Königs kritisierte
und verurteilte König David als
verantwortungslos. Als Reaktion auf solche
Äußerungen gegenüber dem König musste
man mit dem Tod rechnen. David wollte
aber Urija nicht töten und startete einen
neuen Versuch, ihn nach Hause zu
schicken, um später sagen zu können, Urija
sei der Vater des Kindes, das Batseba im
Leibe trug. Urija sollte nach Hause gehen
und sich von seiner Frau die Füße
waschen[101] lassen als Akt der Freude und
Bestätigung der Ehe. Batseba hätte das aber

---

[101] 2. Samuel 11, 8

nicht getan. Durch ihre abweisende Haltung hätten alle erfahren, dass sie geschieden waren. David versuchte daraufhin Urija mit Wein zu verführen, aber es gelang ihm nicht; auch im betrunkenen Zustand ging er nicht zu seiner Frau nach Hause, sondern verbrachte die Nacht neben dem Stadttor Jerusalems. Vielleicht ahnte Urija schon, dass ihm sein vorzeitiger Tod unmittelbar bevorstand. Er dachte aber, dass auch David nicht leben dürfe. Seine Worte, als er mit David diskutierte, waren: „Bei deinem Leben und dem Leben deiner Seele, ich tue diese Sache nicht!"[102]

Vielleicht hatte Urija Recht oder besser gesagt: Urija hatte tatsächlich Recht! Denn Davids Seele hat durch seine Tat und durch Urijas Verweigerung, sie zu vertuschen, später sehr gelitten. Für 22[103] Jahre, bis kurz vor seinem Tod, verließ der heilige Geist David. Die letzten 13[104] Jahre seines Lebens war David krank. Er fastete und

---

[102] 2. Samuel 11, 11
[103] Jalkut Schimoni 2 Samuel 23
[104] Die Weisen in *Aggadat Bereschit* (Erzählung des 1. Buch Moses)

weinte wegen seines Vergehens an Urija[105].
Er bat während all dieser Jahre um
Vergebung, bis er keine Kraft mehr hatte.
Erst als seine *Teschuwa* voll angenommen
wurde, durfte er bei den Vätern des Volkes
weilen und den Namen „Knecht Gottes"
tragen.

Nathan, der Prophet

[105] David schickte Batsebas Ehemann, der trotz des
gewährten „Heimaturlaubs" nicht nach Hause gehen
wollte, schließlich an die vorderste Front, wo er im
Kampf dem Tod am ehesten ausgeliefert war. Und
so fiel Urija als Soldat.

„Und der Ewige sandte den Nathan zu David, und er kam zu ihm und sprach zu ihm: Zwei Männer waren in einer Stadt, der eine reich, der andere arm. Der Reiche hatte Schafe und Rinder in großer Menge. Der Arme aber hatte gar nichts, außer einem kleinen Lamm, das er gekauft hatte; und er ernährte es und es wuchs auf mit ihm und mit seinen Kindern zusammen. Von seinem Brote aß es, und aus seinem Becher trank es, und in seinem Schoße schlief es, und es war ihm wie eine Tochter.

Da kam ein Wanderer zu dem reichen Manne, und es war ihm leid, zu nehmen von seinen Schafen und von seinen Rindern, um es zuzurichten für den Gast, der zu ihm gekommen, und er nahm das Lamm des armen Mannes und richtete es zu für den Mann, der zu ihm gekommen.

Da erglühte der Zorn Davids über den Mann gar heftig, und er sprach zu Nathan: So wahr der Ewige lebt, der Mann ist des Todes schuldig, der dies tut!

Und das Lamm soll er vierfach bezahlen zum Lohne, dass er diese Sache getan und weil er nicht mitleidig war.

Da sprach Nathan zu David: Du bist der Mann. So spricht der Ewige, der Gott

Israels: Ich habe dich gesalbt zum Könige über Israel, und ich habe dich gerettet aus der Hand Schauls und gab dir das Haus deines Herrn und die Weiber deines Herrn in deinen Schoß; und gab dir das Haus Israel und Jehuda, und wenn dies zu wenig ist, so kann ich mehr solche dir hinzufügen. Warum hast du das Wort des Ewigen verachtet, zu tun das Böse in seinen Augen ist? Urija, den Chitti (Hethiter) hast du erschlagen durchs Schwert, und sein Weib hast du dir zum Weibe genommen ... Und David sprach zu Nathan: Ich habe gesündigt gegen den Ewigen. Und Nathan sprach zu David: Dennoch hat der Ewige deine Sünden hinweggenommen. Du wirst nicht sterben."[106]

Können wir David und seine Handlungen überhaupt verstehen? Dürfen wir über ihn urteilen? Wie hätten wir uns in seiner Lage verhalten? Keine Kreatur kann ihr Wesen ändern außer der Mensch. Jeder kann im Laufe seines Lebens diesen riesigen Salto vom Guten zum sehr Bösen oder umgekehrt machen. Kein Mensch auf dieser Erde ist

---

[106] 2. Samuel 12, 1-13

geschützt vor dieser Wandlung. Das kann lange Jahre in Anspruch nehmen oder nur einige Sekunden dauern. Wie die Schwerkraft kann das Böse uns zu sich herabziehen. „Wir haben kaum eine Möglichkeit ihm zu entkommen", könnten einige behaupten, besonders wenn in der *Thora* steht: „Vor der Türe lagert die Sünde, und nach dir ist ihr Verlangen!"[107] Wir können uns das so vorstellen, dass sehr nah an unserem Herzen das Böse wartet, geduldig und freundlich. Es wartet nur darauf, dass wir uns ein bisschen öffnen, damit es uns überwältigen kann. Vielleicht verhalten wir uns schlecht bis zu unserem Lebensende, denn das ist sein Ziel. Bevor wir aber schwach werden, betrachten wir den zweiten Teil dieses Verses: „Doch du kannst ihrer Herr werden."[108] Hier hat uns Gott offen und deutlich gesagt, dass wir Herrscher über das Böse sein können. Wir haben immer die Kraft, das Gute zu tun und das Böse zu vermeiden und zu besiegen. Die Kraft und das Wissen, ein glückliches

---

[107] 1. Mose 4, 7
[108] 1. Mose 4, 7

Leben zu führen, sind in uns gepflanzt von Geburt an.

Lilit

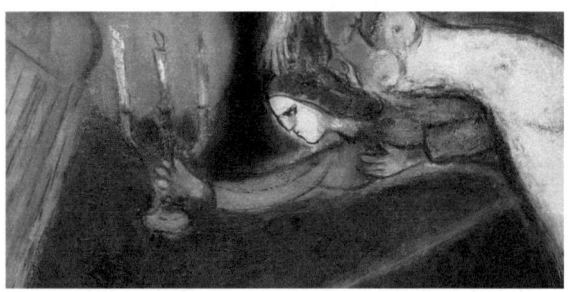

Gewaltig, unbeachtet und blitzschnell taucht diese Gestalt aus der Dunkelheit auf und erscheint unter bzw. hinter Batseba. Das bleiche Gesicht der Frau und die blaue Farbe ihres Gewandes zeugen von Kälte und Entschlossenheit. Zielgerichtet streckt sie ihren Arm aus, in dem sie einen Kerzenleuchter festhält. Sie ist dabei, das Licht von dieser Stelle zu entfernen, und es gibt niemanden, der sie daran hindert. Wer ist diese Frau, die Chagall hier gemalt hat und welche Rolle spielt sie? Nach meinem

Dafürhalten hat Chagall hier Lilit[109], die erste Frau Adams, gemalt. Sie besitzt die Kraft, Chaos und Elend in jeder Familie zu verursachen und neugeborene Kinder zu töten. Auf diesem Bild ist sie im Begriff, das Licht des Hauses zu nehmen, in dem sie das Lebenslicht des ersten Kindes auslöscht, das König David und Batseba gemeinsam gezeugt haben. In der *Kabbala* wird folgende Unterhaltung beschrieben[110]: Rabbi Jehoschua sagte: „Eva, die die erste Frau Adams war, wurde wegen ihres bösen Geistes von ihm genommen: ‚Und er nahm eine von seinen Rippen‘, das ist die erste Frau, ‚und schloss das Fleisch an ihrer Statt‘, das ist die zweite."[111] Rabbi Raba sagte: „Sie war aus Fleisch, und die andere war nicht aus Fleisch, sondern Geist." Rabbi Iben Esra hat den Vers: „Da sprach der Mensch: Dieses Mal ..."[112] ausgelegt. Er erklärt, dass dieses Mal auch ein anderes,

---

[109] Obwohl Lilit in der *Thora*, im *Talmud* und in der *Kabbala* erwähnt wird, wird empfohlen, sich nicht in die untere Welt, der Lilit angehört, zu vertiefen.
[110] Sohar Chadasch, Bereschit 28, 2 Auch hier: http://de.wikipedia.org/wiki/Lilith
[111] 1. Mose 2, 21
[112] 1. Mose 2, 23

vorheriges Mal anzeigt. Im *Talmud* wird Lilit von Rabbi Channina erwähnt: „Der Mensch darf nicht allein zuhause schlafen, und jeden, der das tut, verführt Lilit."[113] Die berühmteste Erzählung über diese Gestalt findet man in *Alpha Beta deben Sira*[114] Dort wird erzählt, dass sie von Adam zum Toten Meer geflohen sei und sich den Gestalten der Unterwelt anschlossen habe. Adam habe sich bei Gott beklagt und Gott habe ihm drei [115] Engel geschickt. Die Engel sollten Lilit überreden, zu Adam zurückzukehren. Sie durften Lilit aber nicht zwingen, wenn sie das nicht wollte. Als die Engel sie fanden, baten sie Lilit, mit ihnen zu kommen, ansonsten werde sie im Meer ertrinken. Lilit antwortete, dass ihrer Meinung nach Gott sie nur erschaffen habe, um Kinder zu töten, die ihren achten Tag noch nicht erreicht hätten. Nach dem achten

---

[113] Massechet Schabbat 151, 2. Siehe Anm. 16. Auch hier: http://de.wikipedia.org/wiki/Lilith
[114] Beim *Alpha Beta deben Sira* handelt es sich um einen nichtkanonisierten Text. Die *Chachamim* (Weisen) erkennen das Buch zwar nicht als der Bibel zugehörig an, nutzen aber Teile davon in ihren Diskussionen.
[115] Snoii, Snsnoii und Semanglef

Tag dürfe sie das nicht mehr tun. Außerdem habe sie schon Kinder und deshalb könne sie nicht mehr zu Adam zurückkehren. Die Engel verließen sie nicht, bevor Lilit geschworen hatte, kein Kind mehr anzurühren in einem Haus, wo sie ihren Namen sähe. Lilit besitzt zudem die Fähigkeit, Männer zu verführen.

Das Kind Salomon

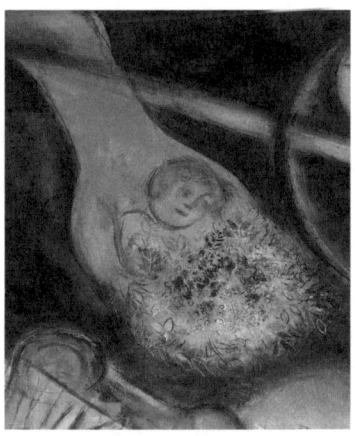

Zwischen König David und Batseba wird von oben ein Kind von einer großen Hand, fast wie ein Geschenk, ins Bild gereicht.

Der Körper des Kindes wird von einem Blumenbouquet bedeckt.

Batseba vermied es nach dem Tod ihres Kindes, sich David erneut zu nähern. Sie hatte Angst, dass die Kinder der königlichen Familie ihr Kind verspotten und verachten würden. David tröstete sie und sagte, dass Gott ihm verziehen habe und ihr Kind nach ihm König über Israel sein werde.

„Und David tröstete Batseba, sein Weib, und kam zu ihr und lag bei ihr, und sie gebar einen Sohn, und er nannte seinen Namen Schlomo[116], und der Ewige liebte ihn. Und er schickte Nathan, den Propheten, und nannte seinen Namen Jedidjah[117] – um des Ewigen willen."[118]

David, der weiter ein schlechtes Gewissen hatte wegen Batseba und Urija, bat Gott um ein Zeichen, dass er ihm verziehen habe, ein Zeichen, das alle sehen könnten, wie

---

[116] von *Schalom* = Frieden, Vollkommenheit
[117] Der Name setzt sich aus *Jedid* (Freund) und *Jah* – (Gott) zusammen und bedeutet also Gottes Freund.
[118] 2. Samuel 12, 24-25

geschrieben: „*Tue an mir ein Zeichen zum Guten, und sehen es meine Feinde ...*"[119] Gott aber antwortete, dass er dieses Zeichen erst bei seinem Sohn Salomon geben werde.

Als König Salomon den Tempel gebaut hatte und die Lade zum Allerheiligsten bringen wollte, konnte niemand die Türen öffnen, die geschlossen waren. Salomon sprach mehrere Gebete, aber es passierte nichts. Erst als er sagte: „Ewiger, Gott, weise nicht ab das Angebot deines Gesalbten, gedenke der Liebe gegen deinen Knecht David!",[120] öffneten sich sofort die Türen des Heiligen Schrankes. Erst da wussten alle, dass Gott David wegen Batseba verziehen hatte.

---

[119] Psalm 86, 17
[120] 2. Chronik 6, 42

Der Hahn

Ganz oben und nahe der Mitte des Bildes
stellt Chagall einen Hahn dar. Der Hahn
wird von einem Heiligenschein umgeben.
Er steht fast an der höchsten Stelle des
Bildes, höher noch als König David. Der
Hahn steht ruhig an seiner Stelle und
beobachtet König David, als wollte er ihm
einen Rat geben. Chagall als Künstler und
Mensch gibt dem König durch die
Anwesenheit dieses Tieres zu verstehen,
was er seiner Meinung nach tun sollte,
nämlich Sühne tun für seine Tat. Chagall
kannte den Spruch: „Geholfen wird dem,

der sich reinigen will."[121] Der Trieb des Menschen ist mitunter viel stärker als der Mensch selbst, und wenn ihm Gott dann nicht hilft, kann der Mensch auch nichts dagegen tun.

Die Sühne-Zeremonie, die seit der Zerstörung des Tempels durchgeführt wird, ist folgende: Einmal im Jahr, am "Tag der Vergebung" [122] werden Hähne für männliche Familienmitglieder und Hennen für weibliche Familienmitglieder nach Hause gebracht. Der Hausvater dreht das Tier über dem Kopf jedes seiner Kinder und seiner Frau. Durch diesen Akt und ein entsprechendes Gebet wird die Sünde auf das Tier übertragen, und es geht in den Tod, während die Menschen am Leben bleiben. Diese Zeremonie hat mit den Armen und Bedürftigen des Volkes zu tun, denn ihnen wird Erlösung geschenkt. Diese Zeremonie

---

[121] Talmud Bavli, Jona 38
[121]https://play.google.com/store/apps/details?id=org. Orayta
[122] Der Tag der Vergebung, auch Versöhnungstag bzw. *Jom Kippur* genannt, ist der höchste jüdische Feiertag.

hat ihren Ursprung im Tempelkult[123]. Am Vorabend des Versöhnungstags sah das Volk, dass die Priester zwei Ziegenböcke vor das Allerheiligste stellten. Die beiden sahen sehr ähnlich aus. Aber einer wurde über zehn Stationen in die Wüste geschickt und von einem Fels geworfen, während der andere zum Allerheiligsten geführt wurde. Das Volk beobachtete staunend diese seltsamen Handlungen und versuchte sie zu verstehen.

Die zwei Ziegenböcke sind vergleichbar mit zwei Menschen, von denen der eine gerecht ist und der andere ein Frevler. Außerdem symbolisieren die Tiere unsere Triebe. Der gute Trieb kann uns zu allem Heiligen führen und der schlechte Trieb kann uns in den Abgrund stürzen.

---

[123] *Beit Hamikdasch* (Haus des Heiligtums) in Jerusalem

Chagall und die Wanderung

Oben rechts im Bild erscheint Familie Chagall schemenhaft im Hintergrund. Sie wird von dem Maler, der an Keilrahmen, Pinsel und Palette zu erkennen ist, angeführt. Die Familie wird von einem Esel begleitet, der den Stamm Issachar symbolisiert, dem die Familie angehört.[124]

---

[124] Vgl. 5. Mose 49, 14-15. Dem Midrasch zufolge ist der Esel Issachar der Träger der Thora und damit der Bewahrer von jüdischer Lehre und Tradition. Diese Rolle kam auch der Familie Chagall zu, die zu

Chagall ist mit der *Thora* und ihren Erzählungen seit Kindheitstagen vertraut Sie ist sein Licht, seine Weisheit und seine Schöpfungskraft gleichzeitig. Chagall hält in seinen Händen die Pinsel, mit denen er einer der bekanntesten Künstler weltweit geworden ist. Hinter ihm steht ein typischer Wanderer mit gesenktem Kopf und mit einem Sack über der Schulter. Der Wanderer ist ein Jude. Er ist dabei, den Stuhl unter Chagall wegzuziehen. Auch Chagall, der gerne sitzen und arbeiten wollte, musste fort, musste immer wieder aufbrechen und wandern [125]. Der Befehl Gottes an Abraham, seinen Ort zu verlassen [126] und sich auf den Weg zu machen, bedeutet, sich auf den Weg zu sich selbst zu begeben, ist also eine Suche nach dem eigenen Ich. Genau so ist der Befehl

---

den Nachfahren dieses Stammes zählt. Einen Hinweis auf ihre Zugehörigkeit zum Stamm Issachar gibt der Vorname von Chagalls Vater, der *Sahar* hieß, was eine Abkürzung von Issachar ist. Das erklärt auch, warum Chagall so häufig Selbstbildnisse in Eselsgestalt schuf.

[125] Nach dem Talmud hat jede Migration folgende Auswirkungen: Verlust von Vermögen, Freunden und Namen.

[126] 1. Mose 12, 1

Gottes an Adam *Ajeka* zu verstehen, der nach der Position des Menschen im eigenen Leben fragt, der eine Antwort auf die Frage verlangt „Wo bist du, Mensch?" Kreative und glückliche Menschen[127] können auch in einem bedrückten und schweren Ereignis ein kleines Licht finden, denn in jedem schlechten Ereignis verbirgt sich etwas Gutes, das wir momentan vielleicht noch nicht entdecken können.

Bei Chagall vergingen auch mehrere Jahre, bis er ein weltberühmter und sehr hoch geschätzter Künstler wurde. Wäre er in seinem Heimatort Witebsk geblieben, wäre er nie so weit gekommen. Chagall war wie Abraham, dessen Geschichte er auch gern malte, alt und satt, als er sich von dieser Welt verabschiedete.

---

[127] Genau wie das Leben selbst verfügen alle Menschen in der Welt über eine schöpferische Kraft, von der sie immer Gebrauch machen sollten, um ein glückliches Leben zu führen.

Schlusswort

Nach der jüdischen Lehre soll der Messias vom Stamm David kommen. Eine Frage, die nicht wenige stellen, lautet: "Wie kann der Messias aus solch einem Hause kommen?" Diese Familie reicht zurück bis zu Abrahams Neffen Lot, der mit seinen Töchtern schlief, um Moab und Ammon zu zeugen. Jehuda zeugte mit seiner Schwiegertochter Tamar, die Perez zur Welt brachte. Ruth aus Moab schlief mit Boas, und auf David selbst ruhte der Verdacht, ein uneheliches Kind zu sein.

Um das zu klären, erzählen die Weisen folgendes: Ein Mensch wollte einen Diamanten durch den Wald transportieren. Der Diamant könnte aber unterwegs von Räubern gestohlen werden. Was sollte er also tun? Er verschmutzte den Diamanten mit Müll und Schlamm, damit keiner auf die Idee käme, dass hier ein teurer Diamant verborgen sei. Als er aber aus dem Wald herauskam, machte er den Diamanten sauber, und der Edelstein glänzte und strahlte wie zuvor.

Das bedeutet, dass negative und dunkle Kräfte versuchen, die Ankunft des Erlösers zu verhindern. Gott aber lässt ihn an unerwarteten und unmöglichen Orten weilen bis zu seiner Zeit. Das beste Beispiel ist Moses, dem Pharaos Hellseher sagten, dass Israels Erlöser im Wasser geboren werde. Pharao gab deshalb den Befehl, alle neu geborenen Kinder in den Nil zu werfen. Gott aber versteckte ihn auf Pharaos Schoß!

Zum Autor

Efraim Yehoud-Desel ist in einer
traditionsbewussten, religiösen Familie in
Israel aufgewachsen. Er hat dort eine
Jeschiwa (Talmudhochschule) besucht.
Später hat er sein Talmud- und
Thorastudium in Europa fortgesetzt.
Er lebt seit über 20 Jahren in Deutschland
und war an verschiedenen Wirkungsorten
als Chasan (Vorbeter), Religionslehrer und
Rabbiner tätig. Neben seiner Aufgabe in der
jüdischen Gemeinde Münster nimmt er seit
mehreren Jahren einen Lehrauftrag an der
Philosophisch-Theologischen Hochschule
Münster (PTH) wahr und ist ein gefragter
Vortragsreferent.